BIBLIOTHÈQUE CATHOLIQUE
DE VOYAGES ET DE ROMANS.

No 45

ALCIME

PAR

J.-P. CAMUS,

ÉVÊQUE DE BELLEY.

⟶⟶⟶⟶❂⟵⟵⟵⟵

PARIS

AU BUREAU CENTRAL,

LIBRAIRIE RELIGIEUSE DE POUGET-COULON,

rue Caumartin, 44.

DOUNIOL, rue de Tournon, 29. ‖ SARLIT, rue Saint-Sulpice, 25
MAILLET-SCHMITZ, rue Trou- ‖ PHILIPPART, rue du Vieux-
chet, 15. ‖ Colombier, 6.

1858

Prix : 1 fr.

BIBLIOTHÈQUE CATHOLIQUE

DE

VOYAGES ET DE ROMANS

SÉRIE DES ROMANS

ALCIME.

BIBLIOTHÈQUE CATHOLIQUE
DE VOYAGES ET DE ROMANS

16 volumes grand in-18 par an ; 4 volumes tous les trois mois, format de la Bibliothèque nouvelle.

	Le vol.
Collection prise au Bureau central de Paris. .	0 fr. 80 c.
Collection expédiée *franco* par la poste.	1 0
Le volume acheté séparément.	1 0

Directeur : M. l'abbé DOMENECH, chanoine honoraire de Montpellier, Ancien missionnaire au Texas et au Mexique.

PROSPECTUS.

Depuis longtemps les familles chrétiennes se plaignent de n'avoir pas de bons romans qu'elles puissent dire et laisser lire sans danger. C'est donc, à notre époque, une œuvre éminemment utile que celle qui répandra une littérature à la fois inoffensive et attrayante.

Tel est le but de notre Bibliothèque.

L'accueil fait chaque jour aux premiers volumes par les souscriptions du Clergé de presque tous les diocèses de France est une preuve que nous avons su répondre à ce besoin.

Pour donner au public religieux une garantie de l'orthodoxie de nos livres, ils ont été soumis à la censure d'un docteur de la Faculté de théologie de Paris.

On souscrit en adressant une simple demande à M. POUGET-COULON, libraire, rue Caumartin, 44 (affranchir) On paie ensuite par un ou plusieurs mandats sur la poste. Les volumes sont toujours expédiés *franco* aux souscripteurs avant la fin du trimestre.

Imprimerie de BEAU, à Saint-Germain-en-Laye.

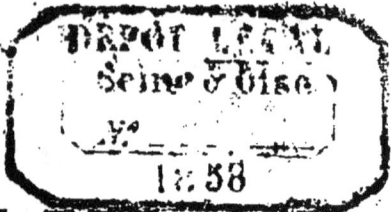

ALCIME,

Par

J.-P. CAMUS,

Évêque de Belley.

———————

PARIS

AU BUREAU CENTRAL,

LIBRAIRIE RELIGIEUSE DE POUGET-COULON,

Rue Caumartin, n° 44.

DOUNIOL, rue de Tournon, 29. ‖ SARLIT, rue Saint-Sulpice, 23.
MAILLET-SCHMITZ, rue Trou- ‖ PHILIPPART, rue du Vieux-
chet, 13. ‖ Colombier, 6.

1858

NOTICE LITTÉRAIRE

SUR

J.-P. CAMUS, ÉVÊQUE DE BELLEY.

———

Jean-Pierre Camus, évêque de Belley, naquit à Paris le 3 novembre 1582, d'une famille originaire d'Auxonne. Devenu évêque de Belley, il se lia intimement avec S. François de Sales, dont il devint l'ami et dont il s'honorait d'être le disciple. Sa vie épiscopale fut laborieuse ; mais, malgré les devoirs multipliés de son ministère, il écrivit un nombre considérable d'ouvrages.

Nous ne parlerons pas ici de ses livres de controverse religieuse, dont le plus important

et celui qui fait le plus d'honneur à son mérite
et à sa science, est l'*Avoisinement des Protes-*
tants de l'Eglise romaine, qui fut imprimé
plus tard par Richard Simon, avec ce titre :
Moyens de réunir les Protestants avec l'Eglise
romaine. Il est encore connu par un charmant
ouvrage intitulé : *L'Esprit de S. François de*
Sales, qui a été abrégé par Collot, docteur de
Sorbonne, et qui est dans toutes les biblio-
thèques.

Son nom fut surtout populaire par le grand
nombre de romans qu'il publia et qui, malgré
les défauts de style qui lui sont justement
reprochés, furent, pendant deux siècles, une
lecture amusante et inoffensive.

Quoique ses ouvrages, dont le catalogue se
monte à près de deux cents-volumes, fussent
écrits avec beaucoup de précipitation, les
critiques reconnaissent que son style est
abondant, vif, animé, plein de métaphores.

Sachant le goût de la multitude pour le merveilleux et les aventures où le cœur est intéressé, il écrivit ses romans pour remédier au mal occasionné par les productions dangereuses de ce genre. Ces romans eurent un grand succès.

L'ami de saint François de Sales était un homme d'un grand désintéressement, d'une profonde humilité. On lui avait proposé plusieurs grands évêchés, il les refusa constamment : « La petite femme que j'ai épousée, répondait-il, est assez belle pour un Camus. »

Après vingt ans de travaux dans son évêché de Belley, il s'en démit et se retira dans l'abbaye d'Aunay, en Normandie, dont il devint abbé. Mais l'archevêque de Rouen, Harlay, qui connaissait le zèle apostolique de Camus, le détermina à quitter sa solitude pour prendre la direction du diocèse avec le titre de vicaire-général. Il recommença la vie laborieuse qu'il avait menée à Belley, visitant les pauvres, consolant les malades, tenant des conférences, établissant des missions et prêchant lui-même très-souvent. C'est lui qui, prêchant un jour pour une prise d'habit, commença son sermon de cette manière originale : « Messieurs, on recommande à vos charités une jeune demoiselle qui n'a pas assez de bien pour faire vœu de pauvreté. »

Camus sentant renaître en lui le goût de la retraite, vint établir sa demeure à l'hôpital des Incurables de Paris, dans le dessein d'y consacrer le reste de ses jours au service des pauvres. Mais, le roi l'ayant nommé évêque d'Arras, il se disposait à se rendre dans ce nouveau diocèse lorsqu'il mourut, le 26 avril 1652. Il fut inhumé dans l'église des Incurables, comme il l'avait demandé. Il était d'une admirable candeur et d'une grande modestie.

Un jour S. François de Sales se plaignait à

lui de son peu de mémoire : « Vous n'avez pas, lui dit Camus, à vous plaindre de votre partage, puisque vous avez la très-bonne part qui est le jugement. Plût à Dieu que je puisse vous donner de la mémoire qui m'afflige de sa facilité (car elle me remplit de tant d'idées que j'en suis suffoqué en prêchant et même en écrivant) et que j'eusse un peu de votre jugement ; car, de celui-ci, je vous avoue que j'en suis fort court. »

À ce mot S. François de Sales se mit à rire, et, l'embrassant tendrement, lui dit : « En vérité, je reconnais maintenant que vous y allez tout à la bonne foi. Je n'ai jamais trouvé qu'un homme avec vous qui m'ait dit n'avoir guère de jugement ; car c'est une pièce de laquelle ceux qui en manquent davantage pensent en être les mieux fournis. »

Ses romans, avec quelques coupures en raison de trop longues considérations morales

et de légères épurations que commande la
susceptibilité présente de notre langue, ont
un genre d'attrait qui explique les lecteurs
passionnés qu'il eut au xviie et au xviiie siècle.

Cette collection en reproduira quelques-
uns, et ce sera un service rendu à l'Église en
fournissant ainsi aux familles une lecture at-
tachante et sans le moindre danger. On peut
consulter le tome XXXVIe des Mémoires de
Nicéron sur les nombreux ouvrages de l'évêque de Belley, ainsi que le Dictionnaire de
Moréri et la dernière édition de la Bibliothèque historique de la France.

C'est à tort que la Biographie universelle
lui attribue un roman intitulé : *Hyacinthe*.
Celui que possède la Bibliothèque impériale
sous ce titre : *Hyacinthe* ou *le Marquis de
Celtas Dirorgo, nouvelle espagnole,* 2 vol.
in-12. Paris, Bienvenu, 1732, marqué : 8°
Y² 399, n'est certainement pas de Camus.

On n'y reconnaît ni son style, ni ses idées, à moins qu'il y ait un autre *Hyacinthe* écrit par l'évêque de Belley, que ne possède pas la Bibliothèque impériale.

Le roman d'Alcime, que nous publions aujourd'hui, est reproduit, avec épuration, sur l'édition faite à Paris, en 1725, chez Martin Lasnier, sous ce titre : *Alcime, relation funeste où se découvre la main de Dieu sur les impies, par l'évêque de Belley.* Ce long titre n'ayant aucune importance, nous avons simplement conservé celui d'Alcime. Ce roman avait été dédié par l'évêque de Belley à M. le comte de Schomberg. Pour donner plus de créance à son récit, il avait affirmé, dans une réponse à ses critiques, que l'histoire était véritable : « Et quant à la vérité de cette reation, je la tiens de la bouche d'un sage, docte et dévot religieux qui me dit avoir parlé à ce bon Simplice, l'un des principaux

personnages de cette histoire. Si tu en retires
ce grand profit, mon cher lecteur, de détester
le vice et de redouter les jugements de Dieu,
j'aurai atteint au but où je vise. Crains Dieu,
dit la sainte parole, et observe sa loi ; et voilà
le tout de l'homme. » (Issue aux censeurs.)

Il y a beaucoup de passages de ce livre qui
rappellent le style si délicat et si naïf de saint
François de Sales. Je ne citerai que celui-ci
où l'auteur, après avoir parlé de la mort du
frère d'Alcime, ajoute :

« Nous laisserons sans nom cet aîné mort,
puisque les étoiles qui tombent n'en ont pas,
mais seulement celles qui demeurent attachées à leur sphère. Laissons-le jouir du nom
nouveau que la bouche de Dieu peut lui avoir
donné dans une meilleure vie. » C'est là un
trait d'une délicatesse exquise, et il s'en trouve
plusieurs de ce genre.

L'auteur a mis en vers çà et là quelques

pensées et des citations des auteurs de l'anti-
quité. C'était un usage de son temps. Ne serait-
ce que comme reproduction de ce genre de
littérature dans les premières années du
XVIIᵉ siècle, la publication de ce roman aurait
son intérêt.

ALCIME

LIVRE PREMIER

Dans une des plus fameuses villes d'Italie, dont je veux taire le nom, un seigneur de qualité et de race illustre, dont la maison portait le titre de marquis, avait deux enfants mâles et quelques filles ; et, comme il arrive ordinairement aux grandes familles que l'on destine les enfants à certaines vocations, avant que l'âge leur apporte la lumière nécessaire pour le discernement de ce qui leur est propre, le cadet, d'une humeur beaucoup plus gaillarde et éveillée que l'aîné, fut, par droit de bienséance mondaine plutôt que par un.

examen judicieux et raisonnable, destiné à l'Église.

Voilà donc nos deux frères, que je voudrais comparer aux deux chiens de Lycurgue, nés sur le même palier, destinés à des chemins aussi écartés que le ciel est éloigné de la terre.

L'aîné fut mis dans une académie pour y apprendre les exercices convenables à un gentilhomme qui veut faire profession des armes, en quoi il réussissait assez heureusement, non que, par son caractère porté à la douceur, il eût beaucoup d'inclination à un métier si rude, ce qui, dans un corps robuste, demande une âme martiale et remuante, mais parce que, ayant autant de docilité et de souplesse de mœurs que ses parents avaient d'autorité et d'empire, il soumettait sa volonté à leurs désirs et faisait tout pour leur complaire. Mais comme il est malaisé de vaincre le naturel et de donner une forte trempe à ceux qui ne sont pétris que d'une faible argile, au lieu de prendre de la vigueur parmi les

exercices des armes et du cheval, il se rendait
tous les jours plus débile et languissant. C'é-
tait une plante qui eût demandé d'être trans-
plantée dans un autre sol. Mais c'était chose
qu'il pouvait désirer plutôt qu'espérer de ses
parents qui, regardant en lui plutôt l'aînesse
que l'inclination, plutôt l'âge que la vigueur, forçaient son naturel et l'obligeaient
à se perfectionner dans un 'genre d'éducation qui abrégeait de jour en jour le cours
de sa vie.

Sotte et fâcheuse humeur de la plupart des hommes,
Qui suivant ce qu'ils sont, jugent ce que nous sommes,
Et veulent contourner toute inclination
Au gré de leur caprice et de leur passion !

Notre cadet, plus vigoureux de corps et
plus ferme d'esprit, fut mis, contre son naturel remuant et actif, dans une académie plus
retenue, plus paisible et plus resserrée, qui,
au commencement, lui sembla une prison.
Mais il lui fallut plier sous l'autorité pater-

nelle à laquelle son âge lui imposait l'obéissance, et que, du reste, il s'était accoutumé à
respecter dès ses plus jeunes années. Il fut
placé, comme étant destiné aux lettres et à
l'Église, parmi les pensionnaires d'un séminaire de Jésuites. Et comme il n'y a de joug
si dur, de fardeau si pesant qui ne deviennent
doux et légers par l'accoutumance, qui est une
autre nature, le temps détruisit insensiblement la résistance de son esprit, et lui rendit
acceptable ce qui, au commencement, était
contraint, faisant vertu de la nécessité qui est
une rude et impérieuse maîtresse. Il tempéra
peu à peu les fougues et les bouillons de son
courage, et comme les Italiens ont naturellement l'esprit souple et pliant, il gagna si
puissamment sur son naturel qu'il devint tout
autre. Sous la direction de ses maîtres il devint doux, traitable et modeste.

Comme il avait beaucoup d'intelligence et
de mémoire, il promettait beaucoup dans l'é-
tude des lettres. La raison même, ou les ap-

parences humaines, lui faisaient comprendre
que ses parents, plus expérimentés que lui,
avaient mieux deviné ce qui lui était convenable, et que pouvant aspirer à la pourpre
(couleur qui éblouit ceux de cette nation), il
pourrait arriver au plus haut degré d'honneur
qui soit entre les hommes ; qu'en toute façon
il lui serait meilleur d'être riche bénéficier
que pauvre gentilhomme ; que son aîné, par
un droit qu'il faut plutôt appeler un usage
tyrannique, ayant tout le bien pour conserver
la splendeur de sa maison dans sa personne,
il ne lui restait que la part d'Alexandre,
l'espérance. Enfin, le pain de l'Église lui
sembla gras, et il se trouva heureux de son
partage. Il ne fut pas déçu dans ses pensées,
car ses parents le voyant entrer avec plaisir
dans sa profession, lui obtinrent prieuré, abbaye, riche pension. Le voilà dans l'opulence.

Les religieux de la grande et sainte compagnie, sous la direction desquels il suçait la
piété avec les lettres, n'épargnèrent aucun

soin pour le bien instruire, et le former aux sciences et aux mœurs convenables à un sujet qui promettait beaucoup à l'Église.

Il demeura sept ou huit ans dans ce séminaire de lettres et de piété, se rendant tous les jours de plus en plus accompli dans les unes et en l'autre ; il pouvait dire avec David :

D'un seul bien, le Seigneur : ardemment je supplié
C'est d'être en sa maison tous les jours de ma vie.

Il s'était rendu fort habile aux lettres que leur politesse fait appeler humaines, fort intelligent aux mathématiques. Déjà la connaissance de la philosophie avait meublé et affermi son jugement, et, saluant la reine des sciences, la théologie, il avait passé aux études qui devaient terminer une éducation si brillante.

Les Pères de la compagnie avaient beaucoup de gloire de cette éducation. Mais un orage soudain vint ravager tant de belles espérances.

Son frère aîné avait, depuis longtemps,

quitté le séjour des académies; l'exercice des
chevaux, de l'escrime, est moins long que
celui des sciences. Il vivait dans la maison paternelle comme présomptif héritier, et menait
un train de vie assez honnête, mais plein de
mollesse, selon la coutume des grands sei-
gneurs, non-seulement du pays, mais de toutes
les nations, comme si l'oisiveté était le partage de la noblesse. Nous ne dirons rien de
cette existence, sinon que les feuilles de cet
arbre, agitées des vents de peu de passions,
ne menaient pas grand bruit. Il coula ainsi
doucement ce peu de jours qu'il passa sur la
terre rendant le tribut au tombeau. Une
fièvre lente le saisit, et, le minant peu à peu,
dévora toutes ses forces. On disait que les
exercices violents avaient avancé ses jours,
et qu'il eût vécu longtemps s'il eût été destiné
aux lettres et à une vie plus reposée.

Allez, maintenant, parents aveugles, fon-
der des espérances sur vos aînés !

Quiconque a son attente aux grandeur de ce monde,
Quiconque au frêle bien des vanités se fonde,
Et qui dans un palais superbe commandant,
Le désastre ne craint sur sa tête pendant,
Vienne voir cette mort et fixement contemple
L'instable changement du monde en son exemple.

il serait malaisé d'exprimer le regret de ces tristes parents qui étaient sur le point d'établir hautement et richement ce fils, sur lequel ils bâtissaient leur fortune et l'attente d'une heureuse postérité.

Comment fut accueillie cette nouvelle par leur autre fils, il serait difficile de l'exprimer. Son esprit était partagé ; il se voyait appelé à un grand héritage ; mais ayant porté autre part son ambition, il lui était fâcheux de changer de dessein. S'il eût été bien libre, il eût, à ce qu'il disait tout haut, laissé les morts ensevelir les morts, et suivi le chemin qu'il avait entrepris pour n'être pas sujet au reproche d'avoir mis la main à la charrue et regardé en arrière.

Mais comme il avait toujours été élevé avec une grande sujétion à l'empire de ses parents, et de même qu'il leur avait obéi lorsqu'ils l'avaient embarqué dans une profession éloignée de son humeur naturelle, il n'osa pas les contredire quand ils voulurent le retirer des habitudes qu'il avait contractées avec tant de peine.

Apprenez, parents austères, à ne pas violenter les volontés que Dieu a créées libres et sur lesquelles, lui qui a formé les âmes, ne s'est réservé aucune contrainte, se contentant de les conduire par ses secrètes inspirations.

Nous laisserons sans nom cet aîné mort, puisque les étoiles qui tombent n'en ont point, mais seulement celles qui demeurent attachées à leur sphère ; laissons-le jouir du nom nouveau que la bouche de Dieu peut lui avoir donné dans une meilleure vie.

Son frère maintenant est devenu l'aîné et le fils unique. Nous le ferons connaître sous le nom d'Alcime qui servira de voile à ses déplorables malheurs.

Il témoigna mille regrets aux religieux Pères qui l'avaient élevé de quitter un habit qu'il pensait avoir pour son héritage ; mais en face de la volonté inflexible de ses parents, il n'eut pas à délibérer. Et bien qu'un sage Père, qui l'avait conduit assez longtemps, remontrât à ses parents que de tels changements sont sujets à de grands désastres, il fut aussi peu entendu

> Que la fameuse Cassandre
> Qui prédisait aux Troyens
> Les déplorables moyens
> Qui les réduiraient en cendre.

Les parents ne firent que rire des remontrances du serviteur de Dieu ; ils les appelèrent des maximes de cloître.

Alcime, remis dans la liberté d'un enfant du siècle, effaça peu à peu ses premières impressions et reprit le génie qu'il avait sucé avec le lait, tant ce mot d'un poëte est véritable :

> La nature revient aisément à son pli,
> L'art étant rarement sous son aide accompli.

On lui dresse une académie dans la maison
paternelle. Comme il avait le corps adroit aussi
bien que l'esprit souple, il rapprend en peu
de temps les exercices nécessaires à un homme
qui avait changé la soutane pour un corse-
let (1) et le bréviaire pour une épée.

Voilà les métamorphoses du monde. Il n'est
plus question ni de la récitation du divin office, comme si le maniement des chevaux était
de plus grande importance que l'entretien fa-
milier avec Dieu. Il n'est plus question de se
démettre des biens et des revenus ecclésiastiques. Il ne s'en parle point : cette graine de
froment élu lui semble toujours délicieuse. Il
s'excuse lui-même sur ce que les bénéfices
qu'il possède sont simples, qu'il les quittera

(1) Espèce de cuirasse.

en se mariant ; que ses parents exigent qu'il
les garde jusqu'à ce qu'on ait trouvé quelque
vieux parent ou quelque ancien ami, par la
confidence duquel on puisse encore les transmettre à des enfants qui sont encore à naître (1).

Ce fut là sans doute une des sources des
malheurs qui entraînèrent Alcime dans leur
tourbillon. Vainement les savants Pères qui
avaient cultivé son esprit cherchèrent à ébran-
ler sa conscience sur ce train de vie séculière,
sans rendre au moins au service des autels
le petit tribut des prières contenues dans l'office divin, il commença par s'éloigner d'eux.
Il prodigua peu à peu la substance du Père
céleste, non pas aussi honteusement que le
jouvenceau de l'Evangile qui alla dissiper en
quelques jours son héritage dans un pays loin-

(1) Les lois de l'Eglise et la conscience défendaient sévèrement ces moyens inventés par la cupidité pour rendre
ainsi les biens de l'Eglise transmissibles aux cadets des
grandes familles.   (Note de l'Editeur.)

tain, mais, toujours mal à propos pour un homme de sa condition, il se détourna des sentiers de la religion, ne se trouvant plus à ses solennités.

Mais il se trouve quelquefois des personnes flatteuses qui cousent de petits oreillers mollets sous les coudes des pécheurs et les laissent dormir en assurance, là où il y a grand sujet de crainte. Dès que la conscience erronée a pris pied dans un esprit, le vice y tient aussi ferme que la massue entre les mains d'Hercule. Il est fort probable que de l'abus du bien de l'Eglise appliqué au monde il arriva à Alcime, comme à Balthasar qui vit écrire sa condamnation pour avoir fait servir à des usages profanes les vases sacrés du temple de Jérusalem.

Voilà donc Alcime richement vêtu et pompeusement servi. Il quitte son ancienne simplicité, et la voie dans laquelle l'avaient mis ses premiers conducteurs. Toutefois, comme l'esprit humain a des souplesses qui lui font

trouver des expédients pour colorer toutes
choses, Alcime ne voulut pas quitter scanda-
leusement les exercices de la religion. Il se,
remit pour la direction de son âme entre les
mains de personnes d'une observance un peu
relâchée. Il sentait encore en lui de certains
restes de sa charité passée, comme une cendre
qui reste chaude après que le feu est éteint.
Il fréquenta les églises et les sacrements; il
continua ses premières actions de piété; au
point qu'il parut bientôt à ceux qui le voyaient
le plus sage et le plus doux chevalier de la
ville. Mais il ne faisait que tromper les autres
et se tromper lui-même.

Il alla se ranger dans une sainte et fameuse
confrérie qui était dans un monastère voisin
de sa maison, monastère célèbre et fréquenté
de beaucoup de peuple. Là, il trouve un con-
ducteur à son gré qui rassure sa conscience
et la balaie des terreurs qui avaient été im-
primées salutairement dans son âme par ses
premiers guides,

Peu à peu la crainte des jugements de
Dieu s'efface de son âme. Ses voies se rendent
tous les jours plus souillées. Il coule ainsi
quelques années dormant, ainsi que parle David, parmi les richesses et l'abondance, se
perfectionnant tous les jours quant à l'exté-
rieur et aux exercices de chevalier, mais empirant à l'intérieur par un endurcissement de
cœur, présage d'une mauvaise fin.

Le voilà leste, brave, relevé et en estime
selon le monde, autant qu'il se peut ; tenu
pour vaillant, adroit, généreux, de bonne
grâce, savant, riche, beau, gentil, agréable,
d'une conversation pleine d'attraits, principalement parmi les femmes, et ce qui est la
couronne de tout, réputé pour être fort ver-
tueux en ses mœurs et d'une véritable piété,
si bien qu'il ne restait aucun point qui se peut
désirer pour le tenir tout à fait accompli.
Toutes les portes lui étaient ouvertes ; il était
le désiré de toutes les compagnies. On ne parlait que des admirables qualités d'Alcime.

C'était un miracle de courtoisie, de gentillesse, de civilité : son nom volait par les belles bouches qui toutes conspiraient à son honneur par des louanges dorées.

Le vulgaire qui n'a, comme dit le sage, des yeux que dans la tête, se laisse facilement éblouir. Tel qui voyait les beaux habits d'Alcime ne pensait pas qu'ils fussent faits de calices et de chasubles, honteux parements d'un gentilhomme d'honneur. Mais, quoi? le lucre sent bon de quelque part qu'il vienne, disait ce sale empereur qui avait mis un impôt sur les ordures.

Telle était la conscience d'Alcime, rendue souillée par l'huile de la lampe sacrée. Ce n'est pas qu'il n'y eût en lui de belles et recommandables qualités, et que même, chose rare en sa jeunesse et en la licence de sa vie, il ne fût estimé fort chaste et n'eût gardé les habitudes de pudeur de sa première éducation, mais la bonne chère, la vanité, le luxe des habits, la suite des valets, la dépense des chevaux,

même le jeu et les mauvaises compagnies
l'altéraient d'autre part fort remarquable-
ment. Aussi, il était l'objet de beaucoup de
prévenances dans le monde. Toutes les mères
le désiraient pour gendre. Cependant il gar-
dait toujours la liberté de son cœur au milieu
des cajoleries de toute espèce dont il était
l'objet. Ses parents qui ne désiraient rien tant
que de le voir honorablement pourvu, au-
raient voulu qu'il eût trouvé un objet digne
d'arrêter ses affections volages, et de le fixer
dans les liens d'un heureux hymen. Mais il
tenait le plus longtemps qu'il lui serait possible à sa liberté; pareil à un navire qui
vogue sans lest et sans charge au gré des
vents, pour rencontrer sous les ondes traî-
tresses un écueil qui lui fera faire un horrible
naufrage.

Il s'écoula encore quelque temps dans cet
assoupissement funeste, espèce de sommeil
qu'il prend sur la pointe d'un précipice où
sera bientôt sa chute.

Entre les vanités d'Alcime était celle-ci :
d'être toujours brave, monté sur de beaux
chevaux et bien suivi, de sorte que passant en
piaffe par une rue, il en était tout l'ornement
et il en attirait tous les regards sur lui.

Chacun sait qu'en Italie, c'est la coutume
de la noblesse, principalement durant les
chaleurs, de prendre tous les soirs le frais et
de faire plusieurs tours et retours par les rues,
sur ces gentils chevaux d'Italie ou sur ces
grands coursiers de Regne qui se peuvent
mettre entre les plus excellents animaux de la
terre.

Voilà une des délices d'Alcime, mais délice
qui lui coûtera cher. Ce n'était rien de le voir
à pied ou dans une salle, au prix de le voir
sur un cheval auquel, comme bon cavalier, il
faisait faire toutes les gentillesses que l'art du
manége apprend aux plus expérimentés ; car
dans cette action il faisait des merveilles.
Chacun se mettait aux fenêtres pour le voir
passer, et il n'y avait personne qui ne lui don-

nât la gloire d'être un des bons écuyers de
son âge.

Il y avait une rue de la ville aussi belle
que spacieuse, où il aimait à faire ses caval-
cades, si bien que de divers lieux on accourait
pour le voir.faire, tant il avait d'adresse et de
grâce à cet exercice.

Il arriva par hasard qu'il s'arrêta quelquefois devant un grand et somptueux palais qui
devait un jour lui être funeste.

Pour l'intelligence de ce mystère, il est besoin de savoir qu'une jeune demoiselle appelée Vannoze, qui jouera maintenant le principal rôle dans ce tragique récit, avait été,
dans un âge fort tendre, mariée d'une étrange
façon à un vieillard qui eût presque pu être
son père.

Ce vieillard s'appelait Capoléon. Etant fort
riche et noble de sa maison, il avait été marié
très-jeune par le vouloir de ses parents qui
pour assoupir un procès où il s'agissait d'une
grande partie de son bien, avaient traité ce

mariage avec cette demoiselle beaucoup plus
âgée que lui et qui, outre l'avantage des ans
qui est le désavantage de la beauté, était
d'une remarquable laideur.

Ce calice, quoique doré, fut amer aux lèvres de Capoléon. Mais l'ascendant que les
siens avaient pris sur sa volonté, la crainte
de voir ruiner sa fortune et de traîner une vie
misérable dans la pauvreté lui firent fermer les yeux sur la laideur de son épouse.
Quand l'âge l'eut rendu plus habile à discer-
ner les visages, il reconnut plus péniblement
encore combien était mal assorti le mariage
fatal qu'il avait contracté. Ce n'était pas
assez que cette femme fût laide, elle était encore farouche, mélancolique, altière, et voulait traiter, en vertu de son plus grand âge,
son mari comme un enfant.

Cela redoubla l'ennui de Capoléon, qui, se
voyant traité comme un petit serviteur, et
trouvant peu d'amitié dans celle qui méritait
si peu d'amour, détourna ses regards et son

cœur d'un objet si peu agréable, porta aisément ailleurs ses affections ; vice assez fré-
quent dans ces contrées.

Mais cette femme hautaine, avertie de ses
déportements, et qui rencontrait aussi peu de
sympathie dans le cœur de Capoléon qu'elle
avait pour lui peu de déférence, se porta à des
extrémités de rage et de jalousie, qui se peuvent aussi malaisément exprimer qu'elles se
font puissamment sentir. Que ne dit-elle, que
ne fit-elle, agitée de cette frénétique passion !
Certes, elle dit et fit tant que, poussant à bout
la patience de Capoléon, elle le mena à des
excès et à des sévices coupables. La voilà au
désespoir qui menace, qui machine par force
ou par trahison de hautes vengeances.

Connaissant ce mauvais ménage, les parents de Capoléon et de sa femme cherchèrent
à les rapatrier. Mais ils étaient d'une nation
où la réconciliation ressemble à ces plaies
qui ne peuvent guérir qu'en laissant un ul-
cère qui les fait aisément renouveler, ou du

moins une cicatrice qui en donne un perpétuel souvenir. Aussi Capoléon la redoutait
moins dans ses vraies colères que dans ses
feintes douceurs.

C'était là une preuve vivante que des ma-
riages fondés sur le seul intérêt réussissent ra-
rement à bien ; tous deux avaient eu le tort
de se marier sans s'épouser, c'est-à-dire avec
des âmes si divisées et des humeurs si dissem-
blables.

Enfin, après avoir demeuré quelques années en cet enfer, car comment appeler autrement une si triste union ? le ciel les sépara
par la mort de cette femme, qui s'en alla la
première du monde, comme la première elle
y était venue, non sans soupçon de quelque
mauvais morceau dont les médisants du siècle
estimaient que Capoléon l'eût prévenue, pour
empêcher l'exécution des farouches desseins
dont elle le menaçait tout haut. Mais ce ne
fut qu'un bruit ; la justice ne découvrit rien
au préjudice de Capoléon. Il est bien vrai que

les plus favorables disaient que le dur traitement qu'elle avait reçu de son époux avait
abrégé sa vie, et que le désespoir de se voir
méprisée d'un homme qu'elle pensait avoir
obligé de son bien, l'avait couchée au cer-
cueil.

Tant il y a que voici Capoléon, de ce second
jour heureux dans un mauvais mariage, qui
en rompt les liens, et si ravi de se voir libre,
qu'il fait mille vœux et mille protestations
de ne s'engager jamais sur une mer si pleine
d'écueils.

Ce n'est pas qu'il en devint meilleur dans
ses mœurs. Au contraire, de cette liberté il
donna de plus en plus dans le libertinage, et
mena une vie telle, dans l'opulence où il se
trouva par le décès de son épouse, qu'il ne
counut plus de bornes dans ses désordres.

Après avoir donc mené une vie licencieuse,
étant arrivé à un âge fort avancé, soit qu'il
eût le désir de transmettre ses biens à un héritier légitime, soit qu'il voulût sortir de ses

habitudes criminelles par un légitime mariage, il se résolut de tenter une nouvelle
chance. Homme, à la vérité, ou trop peu judicieux, ou né pour le mariage sous une mauvaise étoile, comme nous allons le voir ; car si
la première fois il se maria trop jeune à une
vieille et laide, qui devint jalouse de lui parce
qu'il était jeune et beau', la seconde fois,
étant vieux, il épousa une fille jeune et
belle, de laquelle il devint jaloux aussitôt
qu'il l'eut menée dans sa maison. C'était
cette Vannoze.

Elle était née de parents nobles et de qualité relevée plus par le sang que par les
richesses. Il la vit dans une assemblée publique, et, s'en étant épris, il fit sonder ses parents et promit pour elle une magnifique dot.
La proposition sembla si avantageuse à ces
braves gens, qu'ils la lui promirent, selon
l'usage du pays, où les parents disposent de
leurs filles sans les consulter.

Et parce que Capoléon se voyait presque

tout blanc et ridé, bien qu'il se dît avoir encore beaucoup de verdeur et être comme les plantes en hiver, qui cachent leur vigueur sous la neige, il eut peur que son visage ne dégoûtât la jeune fille. Il communiqua ses craintes aux parents, qui ne jugèrent pas mal à propos l'expédient qu'il leur proposa, de faire une métamorphose, estimant que cette fraude serait de celles qui sont tenues pour bonnes, selon le droit, quand elles reviennent au profit des personnes trompées. Les parents, prenant le parti du vieillard, l'aidèrent à tromper leur fille, sur l'âge de son futur époux.

Capoléon sans employer les enchantements de Médée, sans s'écorcher comme le serpent ou sans se dépouiller de ses plumes pour rimiter le rajeunissement de l'aigle, se fit faire une perruque si parfaitement ajustée qu'on l'eût prise pour sa chevelure naturelle. Il se fit raser la barbe bien nettement et le peu qu'il en resta fut peint avec un tel artifice qu'on ne l'eût appliqué qu'à un menton de trente ans.

On lui farda le visage de telle sorte que les rides dissimulées ne trahissaient plus les années qui pesaient sur sa tête. Il poussa même si loin la supercherie qu'ayant jeté les yeux sur un jeune homme qui approchait de lui par la taille et par la façon, il le fit rencontrer avec Vannoze et les parents de Vannoze dans une assemblée où se tenaient plusieurs gentilshommes. Les parents ayant montré ce jeune homme à leur fille à travers la sombre lueur et la fumée des flambeaux, il ne lui sembla pas désagréable.

Au retour dans la maison la mère demanda à sa fille par forme d'entretien ce qui lui semblait du jeune homme qu'on lui avait montré. Celle-ci, selon le naturel de son sexe, dissimulant son impression, protesta qu'elle ne voyait que par les yeux de sa mère, que, comme fille bien née et bien élevée, elle n'avait et ne devait avoir d'autre volonté que celle de ses parents et qu'elle sera librement à celui qui lui viendra de leurs mains, ajoutant à cette soumission les compliments qui se font en semblables circonstances. Elle fut donc fiancée un soir sur la brune à Capoléon qui mettant tout le jour au visage de la jeune fille, et son propre visage un peu à l'abri de l'ombre opposée pour cacher sa feinte beauté, n'eut avec elle qu'un très-court entretien et ne laissa deviner sa tromperie.

Le mariage se fit peu de jours après, mais pendant la nuit où Capoleon se faisant voir sous des habits somptueux et de jeune homme, et avec des ornements aussi peu convenables à son sexe qu'à son âge, il passa aux regards pour beau garçon.

En somme, voilà Vannoze qui pensant épouser un jeune gentilhomme, se trouve le lendemain de ses noces, femme d'un vieillard lequel ayant laissé toute sa jeunesse dans sa garde-robe, se fit voir au jour comme autrefois Lia parut à Jacob, la nuit étant passée.

Il n'appartient qu'aux âmes assaillies de ces surprises de les représenter. Pauvre et simple qu'elle est, elle croit que c'est le mariage qui rend si soudain les personnes âgées; et toute tremblante, elle prend son miroir pour voir si les rides ne se sont pas emparées de son front comme de celui de son mari, et si ses cheveux ne sont pas blanchis. La peur lui ayant jeté la pâleur sur la face en se considérant, elle croit voir, tant elle est éblouie, l'image de la mort.

Enfin elle se rassure, et la honte lui redonnant une plus vive couleur et lui faisant monter le sang aux joues, remet les roses parmi les lis et lui fait voir en elle-même le visage fleurissant d'une jeune femme.

Le mari se confond en excuses. Les parents accourent à son aide : ils éblouissent les yeux de la pauvrette des richesses de ce Tithon, lui représentent sa grande fortune et lui exposent qu'ils n'ont eu recours à cet artifice que pour son bien, enfin ils lui font croire qu'elle est

et qu'elle sera la créature la plus heureuse
de toute la ville.

La voilà remise de ce premier étonnement
et en un train de vie qui devait donner à
Capoléon tout le contentement désirable et lui
assurer le bonheur qu'il n'avait pas rencontré
dans un premier mariage.

Toute cette intrigue fut conduite si habilement que Capoléon fut marié avant que le
moindre bruit en eût été répandu ; et quand
la chose fut connue, chacun commença à bien
espérer de sa vie, puisqu'il s'était rangé dans
un lien honorable de toute manière pour ceux
qui le contractent.

Mais soit que l'esprit désordonné porte l'in-
quiétude avec soi, comme les démons leur
enfer, soit qu'il semblât que cet homme eût
conjuré contre son propre bien, ayant donné
au commencement de son mariage une honnête liberté à sa femme, lui permettant de
voir avec sa mère les bonnes compagnies et
de fréquenter les lieux de piété, tout à coup

embrasé de ce feu de jalousie qui est âpre, dit
l'Ecriture, comme celui de l'enfer, il commença à changer de visage pour elle et à
changer ses plus doux moments en de tristes
nuits. Il se voit laid et vieux, il la voit jeune
et belle. Les perfections naturelles qu'il voit
en elle et les défauts qu'il se reconnaît deviennent à ses yeux les crimes de l'innocente : tout lui fait ombrage ; si quelqu'un la
regarde, il se figure qu'on va la lui ravir ; si
on la blâme, il croit à l'accusation ; si on la
loue, il pense qu'on a pour elle des desseins
préjudiciables à son honneur. Les rayons du
soleil sont trop clairs et trop vifs sur son
visage ; il est jaloux du zéphir qui souffle
sur elle, des insectes qui volent autour de son
front, même des vêtements qui la touchent.
Il la croit si faible que tout soit capable de la
perdre. Cet or lui semble envié d'un chacun :
il en devient avare, et ne songe plus à rien
qu'à enterrer son trésor et le dérober à la
lumière du jour,

Que si encore, par une conduite plus judi-
cieuse, il eût peu à peu retranché de sa liberté,
et voilé lentement aux yeux de la terre cette
étoile, sous quelques débiles vapeurs, et accoutumé tout doucement l'oiseau à sa cage, et
la prisonnière à sa chaîne, peut-être que,
dans un pays où la captivité est si ordinaire
aux femmes que c'est leur état le plus commun, il eût moins aigri cet esprit, lui eût
donné moins de désir de s'échapper et coupé
racine à beaucoup de railleries et de médisances.

Mais, c'est chercher de l'eau douce dans la
mer que de désirer de doux traitements d'une
âme aveuglée de jalousie, c'est demander la
raison à qui l'a perdue et chercher les raisins
parmi les ronces. Ceux qui disent que cette maladie est un excès d'affection, comme la fièvre
une surabondance de chaleur naturelle, reconnaissent bien que c'est quelque sorte d'affection, mais d'affection malade ; et comme la
fièvre brûlante nous met à deux pas de la

mort, de même une forte jalousie détruit l'affection, sa douce, raisonnable et juste chaleur se changeant en fureur. Si bien que de
là naissent les haines les plus extrêmes, qui ne
peuvent aller plus loin que d'attenter à la vie,
ou de ravir les plus doux biens de cette vie,
qui est l'honnête liberté.

Tout le désir de Capoléon est de garder sévèrement sa femme; et pour venir à bout de
ce dessein, il la veut renfermer dans un loge-
ment qui lui tiendra lieu de prison, sans considérer qu'en renfermant le corps, il déta-
chera l'âme de l'affection qu'il voudrait retenir davantage.

> Voilà l'excès d'aveuglement
> D'une fureur passionnée.
> O qu'une dure destinée
> S'évite difficilement!

Ce tourbillon de mesures sévères vint saisir
inopinément cette innocente créature qui, ne
se sentant pas coupable, en vient jusqu'à
souhaiter presque d'être criminelle, puis-

qu'elle est traitée comme telle par l'injustice de son mari.

Ainsi, Capoléon, pour éviter un mal imaginaire, se fait un tort véritable. Il trouve le secret de se faire haïr, ajoutant la cruauté aux autres défauts que les ans lui avaient apportés.

La prisonnière se plaint. Elle demande que son mari l'éclaircisse au moins du sujet de sa condamnation. Elle veut savoir en quoi elle a pu donner occasion de défiance. Les parents ne sentent pas moins cet affront que leur fille; mais ils n'en témoignent pas autant de ressentiment, de peur d'augmenter le supplice en aigrissant l'esprit de celui sous la tyrannie duquel ils l'avaient rangée. Néanmoins, quelque épais que soit le nuage quand il recèle la foudre, il est toujours pénétrable à l'éclair; de même leur mécontentement, quoique dissimulé, fut rapporté à Capoléon, qui n'a pas d'autre raison que de dire qu'il fait de son bien ce qui lui plaît, traitant et gouvernant sa femme à sa fantaisie. Comme si la femme, donnée à l'homme pour compagne et non pour esclave, devait être conduite par un autre moyen que celui de l'affection et de la douceur !

Mais, quand on le pressa de dire quel sujet elle lui avait donné de la resserrer avec tant de défiance, il fut contraint d'avouer qu'il n'en avait point, et qu'il l'enfermait, non pour le mal qu'elle eût fait, mais pour celui, qu'entraînée par les occasions, elle pourrait faire.

Vannoze est tellement irritée de cette défiance, qu'elle ne semble regretter la perte de sa liberté que parce qu'elle n'a pas la facilité de méditer les moyens de sa vengeance. Mais, de même que les vents renfermés dans le sein de la terre excitent à la fin des tremblements terribles à la surface du sol, de même ce dépit produira dans sa saison d'épouvantables effets. Cependant, elle se console au témoignage qu'il rend de son innocence, et elle fait sem-

blant d'agréer le soin qu'il a de la conserver pure du contact et de la corruption du
siècle.

Bien qu'elle fût logée dans un magnifique
appartement qui donnait sur le derrière de la
maison, et dont la vue s'étendait sur un par-
terre diapré de mille belles fleurs, si est-ce
que cette prison ne lui peut sembler agréable,
et cette liberté, dont elle ne se souciait pas en
la possédant, lui revient sans cesse devant les
yeux comme le souverain bien de la vie. Les
personnes qu'elle a vues, les objets qu'elle a
admirés lui reviennent à l'esprit. Quelquefois
elle compare la douceur de la conversation de
ses compagnes et de ses amies les plus chères
avec la triste solitude qui l'environne, où elle
n'a pas même un écho pour répondre à ses
plaintes. Elle trouve son abandon d'autant
plus déplorable qu'elle se rappelle les moments qui lui paraissaient si courts dans les
entretiens aimables qu'elle avait dans le

monde. Elle faisait comme ces moulins qui,
tournant à vide et faisant naître des étincelles
de la collision de leurs meules, s'embrasent
par leur propre mouvement.

Ainsi son imagination lui ramenait les plus
beaux et agréables objets qui eussent paru devant ses yeux, et, comparant les rides, la pâleur et les difformités que la vieillesse attirait sur le visage de son mari avec ces fronts
polis, ces cheveux dorés, ces joues vermeilles,
ces yeux riants, cette douce et molle grâce,
compagne inséparable de la jeunesse, combien Capoléon lui devenait-il plus désagréable ! Et combien se reprochait-elle de s'être
laissée prendre au lustre de ses richesses !
Oh ! qu'une pauvreté joyeuse et contente lui
semblait bien plus désirable que cette abondance de satisfactions !

Parmi les souvenirs qui se présentèrent à la
pensée de Vannoze fut celui d'Alcime. Comme
il surpassait en richesse, en pompe, en grâce

et en esprit tous ceux de sa qualité et de son âge qui étaient dans la ville, il ne faut pas demander si ce souvenir eut une action puissante sur l'imagination de notre prisonnière, qui dans sa solitude était comme une eau stagnante qui multiplie des cercles à l'infini sur sa surface, à la moindre pierre qu'on y jette.

Alcime, cette idole adorée de tant de regards, et soupirée en vain de tant de cœurs, vint se placer dans son âme. Si bien que ce Samson tant aimé des filles d'Israël ravit le cœur de cette Dalila. Mais l'impossibilité de posséder l'objet de son affection, par une union légitime, abattait comme une pesante masse l'ardeur de ses désirs immodérés.

> Elle reconnaît dans son âme,
> Une vaine et stérile flamme
> Qui la laisse tant désirer,
> Mais sans rien pouvoir espérer.

Elle se disait quelquefois : Si je me fusse rendue maîtresse de son affection ou de tout autre, maintenant j'y aurais recours pour m'assurer ma liberté. Abandonnée de tous, même des miens, je ne trouve que moi pour mon propre secours.

Ainsi allait, sans consolation et sans conseil, tournant dans un labyrinthe d'ennui, la prisonnière Vannoze, résolue de tout faire pour se remettre en liberté.

Hélas ! ce sera pour se mettre dans une captivité encore pire, puisque ce ne sera que pour tomber dans la servitude du péché, la plus détestable de toutes.

Nous avons vu qu'entre les exercices les plus agréables à Alcime, et qui le faisaient le plus regarder, était celui du maniement des chevaux, et que, allant d'ordinaire par la ville, monté admirablement et vêtu avec pompe comme un paon de son plumage, il passait assez souvent devant le palais de Capoléon.

Cette rue lui plaisait parce que, étant large et belle, elle lui semblait commode pour les divers mouvements qu'il avait appris à son cheval. D'ordinaire les fenêtres, quand il passait, se remplissaient d'admirateurs.

Durant sa première liberté, Vannoze l'avait souvent contemplé dans cette posture de cavalier brillant, à travers ces petites cages ou treillis qu'on appelle jalousies. Mais comme elle était encore au commencement de son mariage et tout occupée de l'affection de son mari, cette idée ne trouva pas de place dans son esprit, au moins pour y demeurer gravée. Capoléon lui-même prenait plaisir à voir si bien faire ce jeune chevalier, et faisait de son habileté et de sa dextérité des louanges excessives.

Depuis qu'il avait relégué sa femme dans un appartement écarté, ce spectacle, comme tout autre, lui devint suspect pour elle, s'en réservant pour lui seul le plaisir. Un soir qu'il prenait le frais avec sa compagne dans le jardin, un de ses valets le vint avertir qu'Alcime était dans la rue qui, selon sa coutume, faisait des merveilles, et qu'il travaillait un cheval de Naples auquel il faisait rendre des leçons avec tant de disposition et de justesse qu'il arrachait l'admiration de tous les regardants.

Soudain Capoléon quitte sa femme parmi les fleurs, qui furent bientôt arrosées de ses larmes, pour aller repaître ses yeux d'un plaisir qui n'avait qu'un instant de durée et qu'il fallait saisir au passage.

Vannoze ne dit rien, mais elle n'en pensa pas moins : elle n'osa ni le suivre ni lui en demander la permission, sachant que cela l'eût inquiété et lui eût donné quelque sinistre ombrage. S'étant donc enfermée toute pensive dans un cabinet de lauriers, le visage baigné de larmes, elle déchargea une partie de ses douleurs en exhalant ses regrets entre-

coupés de soupirs : A quel sort étais-je donc
réservée ! me faut-il mourir avant le temps?
Me voilà, comme une vestale criminelle, en-
fouie toute vive. Quand on a, par de coupables égarements, mérité un supplice, la peine
est en quelque sorte tempérée par la considération de la faute. Mais le mal supporté injustement et sans sujet, est le plus rude essai
de la patience. Et quelle patience, si vivement outragée, ne deviendrait une fureur?
Pourquoi donné-je tant de temps à mes
plaintes et si peu à ma vengeance? Meurs,
meurs une fois, ô Vannoze, et assoupis par
un trépas généreux mille languissantes morts
que tu souffres à toute heure ! La froide lune
ne sera pas plus glacée que ton mari, ni les
ombres plus effroyables que sa présence. C'est
mériter de vivre misérablement que de ne
savoir échapper des misères par une coura-
geuse mort. Mais faut-il mourir sans se venger, puisque la vengeance au cœur d'une

femme blessée d'un pareil affront est un bien
plus doux que la vie. Attachons à notre cer-
bère des furies qui le tourmenteront à ou-
trance et qui le rangeront aux mêmes extrémités où il nous réduit.

Elle eût suivi plus longuement ce discours
furieux si la crainte d'être entendue, jointe à
la multitude des sanglots, n'eussent étouffé
ses paroles. Mais elle n'en donna que plus de
cours à ses pensées qui vinrent lui rappeler
en tout ce que le valet avait dit, devant elle,
à l'avantage d'Alcime, paroles qui furent de
l'huile sur le feu de son désir.

C'est une inclination naturelle à l'esprit
humain que de désirer avec le plus d'ardeur
les choses défendues. Que si ce feu se prend au
bois vert de l'esprit de l'homme, quel ravage
doit-il faire au sec dans celui de la femme,
d'autant plus puissamment agitée qu'elle est
plus impuissante pour résister :

Veuillez, elle n'en fera rien ;
Ne veuillez pas, elle désire.

disait un poëte qui connaissait beaucoup leur naturel.

Du moment qu'elles désirent une chose à laquelle elles n'ont pas assez de forces pour arriver, c'est alors qu'elles mettent toute la finesse de leur subtilité à inventer des ruses et des artifices afin d'en venir à bout. Et Dieu sait quels moyens elles ne sont pas capables d'inventer pour arriver à ces fins ! Jamais les effets de la foudre, dont on ne peut rendre aucune raison, ne furent si subtils, car, comme elle fond les métaux sans toucher ce qui les enveloppe, et qu'elle atteint l'épée sans gâter le fourreau, vous diriez que celles-ci savent passer à travers les portes closes, traverser les murailles par une espèce de puissance de pénétration :

5

De quel nœud saurait-on étreindre ce Prothée
Eh! dans quelle prison là tenir arrêtée?
On a beau la garder; elle commencera
Par la garde le mal qu'elle projettera.

Ce fut lui faire venir l'eau à la bouche que d'appeler Capoléon pour aller voir Alcime qui faisait des merveilles. Mais elle en aura bien sa revanche; car elle se soustraira bien plus souvent de la présence de son mari pour aller voir Alcime.

Que fait-elle?

Résolue de repaître ses regards de cet objet, elle s'avise de monter au grenier de l'appartement dans l'enceinte duquel était bornée sa liberté, et faisant semblant d'y vouloir bâtir un ermitage et d'y faire une retraite pour contempler les choses célestes ainsi que Judith, elle s'avisa qu'elle pourrait arriver au sommet de la partie antérieure du palais qui lui était interdite, au moyen d'une galerie qui les réunissait l'une à l'autre, et par laquelle son mari se rendait chez elle. Ce dessein lui réussit selon qu'elle l'avait projeté, et malheureusement pour le succès qui lui en arriva.

Ayant fait arranger avec quelques planches un cabinet dans ce grenier qu'elle fit orner de tapisseries et de peintures, elle fit semblant d'être dévote et de s'y enfermer pour réciter l'office de la Vierge. Retirée dans ce lieu, elle se coule par la galerie au grenier du corps de logis qui répondait sur la rue, où, ayant accommodé une toile transparente à une lucarne, elle pouvait voir tous ceux qui passaient dans le chemin. Entre les passants, Alcime ne manqua de venir sur le frais du soir, bien vêtu, bien accompagné, bien monté, faire ses exercices ordinaires. Mais s'il attira, comme d'ordinaire, les regards de tous, il transporta et ravit d'étonnement ceux de Vannoze. Jamais Céphale ne parut si agréable à l'Aurore, Endimion à Diane et Hippolyte à Phèdre.

Jamais Alcime, qu'elle avait considéré beaucoup d'autres fois, ne lui avait paru entouré de tant de grâces. L'Orient a moins de perles, le printemps moins de fleurs, le soleil moins de rayons qu'elle n'apercevait d'attraits dans ce chevalier.

Je ne pourrais pas plus deviner que reproduire ici les diverses pensées qui s'élevèrent dans l'esprit de Vannoze, ses résolutions naissantes aussitôt abandonnées, et le chaos de désirs confus et de projets extravagants conçus dans son imagination.

> Elle paît son désir d'une espérance vaine,
> Ne voyant aucun jour pour se tirer de peine.

Ces vues et ces courses d'Alcime continuèrent quelques jours, et c'étaient des gouttes d'eau qui embrasaient le cœur de Vannoze comme une fournaise. Et sa passion nouvelle était augmentée par le feu de la haine qu'elle portait aux injustes rigueurs de Capoléon, et par le furieux désir qu'elle avait de se venger de ses outrages. Aussi se résout-elle,

> Après avoir beaucoup pleuré,
> Si le Ciel ne la favorise,
> D'appeler l'enfer conjuré
> Au secours de son entreprise.

Mais le Ciel est trop juste pour favoriser des desseins aussi exécrables que ceux que la haine fait concevoir à Vannoze;

> Car nous verrons aller cette femme irritée
> Au delà des fureurs de l'horrible Médée.

Mais enfin que fera-t-elle?

LIVRE DEUXIÈME.

Le plus grand de tous les crimes, c'est de
mêler Dieu au mal et de le faire servir, comme
dit le Prophète, à l'iniquité ; c'est une méchanceté déplorable que la piété serve de voile au
péché.

Ce fut par là que commença la détestable
Vannoze. Pareille au ver à soie qui, pensant
se filer une maison, se construit un tombeau,
elle creuse son tombeau dans son propre ouvrage.

Elle fait, ou, pour mieux dire, elle contre-
fait la dévote. Ce qui plaît grandement à son
mari, lequel, ne pouvant juger que de l'exté-
rieur, s'imagine que c'est un double rempart
pour la conserver sage, d'autant que les exercices de la piété lui serviront d'amusement et

d'entretien dans sa solitude, et que la crainte et l'amour de Dieu, occupant sa pensée, lui feront avoir le péché en horreur et détester toute autre affection que celle qui est légitime.

Aussi, il ne peut se tenir de lui en donner des louanges, et, par des applaudissements extraordinaires, de lui témoigner la joie qu'il a de la voir entretenir, par le service de Dieu, la fidélité qu'elle lui doit. Voilà un mari devenu prêcheur, bon mari certes, et beaucoup plus soigneux de la conscience de sa femme que de la sienne. Capoléon devient le trompette de la dévotion de sa femme : il la croit occupée, dans la cellule de son grenier, aux mêmes exercices que la vaillante veuve de Béthulie ; et tandis qu'il tient qu'elle contemple le ciel, elle est où il ne pense pas, dans la contemplation d'un objet fort terrestre, d'un gentilhomme qui manie un cheval devant sa maison. Voilà un bon homme et une bonne femme !

Vannoze qui voit que son artifice a pris feu, et que son mari la tient pour fort dévote, bat ce fer tandis qu'il est chaud, et l'entretenant de discours de piété fort éloignés de ses pensées, même de visions et de révélations, faisant des soupirs et des exclamations, faisant de feintes aspirations, ne parlant que de mortifications, de disciplines et de cilices, faisant grand amas d'images et de livres de dévotion, racontant des pièces de sermons qu'elle avait dans sa mémoire et quelques traits de la vie des saints, elle tient tellement en échec l'esprit de ce vieillard qu'il la regarde comme une sainte et l'appelle déjà son ange tutélaire, pendant que Vannoze, dans son âme, le nomme son démon gardien.

Voilà, voilà Capoléon qui s'imagine avoir été inspiré de Dieu dans l'emprisonnement de sa femme, jugeant de l'effet qui a été produit. Il commence à avoir plus de confiance en elle et à lui temoigner qu'il sera bien avec elle, tant qu'elle sera bien avec Dieu, et que plus il la verra croître en dévotion, plus il augmentera son attachement pour elle.

La bonne femme se met à faire ses retraites plus longues, mais c'est plutôt pour guetter au passage celui dont elle s'était follement éprise, que pour contenter son esprit des extases et des ravissements célestes.

Personne ne savait, dans la maison, son artifice, car elle n'avait garde de se fier à aucun valet, sachant que les domestiques étaient tous gagnés par son mari pour surveiller toutes ses actions.

Que fera-t-elle donc, seule, renfermée, pour exercer sa vengeance et satisfaire sa passion criminelle ?

Elle aura recours à l'artifice.

Un jour, en cajolant son vieux Tithon et selon la coutume de la femme qui veut tromper, redoublant ses afféteries et ses marques d'attachement, elle lui protesta que sa prison dans sa compagnie serait le comble de ses contentements, attendu qu'il lui suffisait d'être agréable à ses yeux, ceux de tous les autres hommes lui étant indifférents, si seulement elle pouvait avoir cette image de liberté, d'aller par les églises, sous la conduite de sa mère, gagner les indulgences, fréquenter les sacrements de confession et de communion, et entendre les sermons. Elle ajoute qu'excepté ces exercices, tout ce qui était hors de sa maison lui était à contre-cœur, ne se souciant pas plus des compagnies et des conversations du monde que si jamais elle n'y avait rien vu. Elle sut colorer ce juste désir avec des paroles si douces, et accompagner sa feinte de larmes si vraies, que le cœur de Capoléon, qui n'était pas d'acier, en fut attendri.

Ce bon personnage tenait cette bonne pièce de chair pour une créature toute spirituelle, et qui, sur la terre, ne respirait que la vie des anges. Il pensa qu'une si sainte demande ne pouvait être rejetée sans impiété, et que ce serait se rendre coupable, de gaîté de cœur, que de résister au Saint-Esprit et d'empêcher le progrès que sa grâce pouvait faire dans cette âme. Le proverbe dit qu'il est malaisé de tromper un vieillard, parce que sa longue expérience le rend muri contre toutes les ruses. Cependant celui-ci donne dans le piége d'une jeune femme que sa passion a rendue habile, et, pour condescendre à des souhaits pleins, en apparence, de sainteté, il se trouve favoriser la plus noire malice. A la vérité, ce sont de puissants remèdes pour entretenir la chaleur surnaturelle de la grâce dans les âmes, grâce dans laquelle consiste la vie des esprits, que les sacrements laissés en partage à l'Eglise, comme les canaux des fontaines du Sauveur par où la divine miséricorde découle sur les hommes; mais quand on mêle leur usage avec le péché, l'iniquité devient déplorable, vu qu'elle fait litière de son salut et poison de son remède.

La mort dans les pécheurs entre par cette porte,
Laquelle tout vivants aux enfers les emporte.

Et voilà le plus grand de tous les malheurs
de Vannoze et qui va la pousser au précipice.

De son côté le vieillard en accordant la
faveur que sa femme a sollicitée si habilement, pense avoir fait un trait de grande prudence, se tirant du murmure des langues, et
mettant son honneur à l'abri sous la bonne
conduite de sa dévote femme. Les parents de
Vannoze avertis de cette bonne résolution le
viennent voir pour l'en remercier et pour
s'en réjouir avec leur fille laquelle sut si bien,
d'autre part, gagner les affections de sa mère
qui avait pour elle un cœur vraiment mater-
nel; qu'au lieu d'être conduite par elle, elle
lui faisait faire tout ce qui lui plaisait.

Pour accomplir son dessein, elle s'habille
le plus modestement qu'elle peut et promet à
son jaloux de voiler si bien son visage, qu'il
n'y aura que des yeux de lynx qui la pour-
ront apercevoir. Le mari croit tout cela
comme un oracle. La mère tout étonnée de

voir sa fille dans une si simple mise, se fâche presque de la voir tombée dans une si creuse dévotion et redoute pour elle quelque accident de mélancolie. Les servantes même qui j'accompagnent croient voir plutôt un fantôme qui marche devant elles qu'un vrai corps. Capoléon, qui selon l'humeur de jaloux l'épie avec des yeux d'Argus, n'y voit rien que de très-dévot et de très-modeste, et comme il n'aime rien tant que de la voir quand elle est au logis, comme une idole cachée, il supporte avec joie la privation de sa vue quand elle est dehors. Elle éblouit ainsi les yeux de tout le monde.

Elle emploie si bien son temps, qu'elle devient savante, en peu de jours, sur le chapitre de tous les jubilés, de toutes les stations, de toutes les confréries, de toutes les fêtes et de tous les sermons qui se faisaient dans la ville. Elle en sait par cœur le calendrier. On la voit aller d'une église à l'autre, de monastère en monastère, toujours à la suite de sa bonne

mère, comme si elle eût été encore une simple fille, ce qui ne donne pas peu d'édification
à ceux qui la regardent.

Cependant, pareille aux aigles qui, planant
bien haut dans les airs, ont toujours le regard
vers la terre, pour fondre sur la première
proie qu'ils apercevront, son regard est vers
la terre pendant qu'on suppose qu'elle marche avec violence à la conquête des cieux.
Son voile l'empêche bien d'être vue, mais
non pas de voir les divers objets qui se pré-
sentaient à ses yeux. Mais, entre tous, elle
cherche Alcime. Elle l'aperçoit quelquefois
dans les églises; mais il passe comme un
éclair; et même, quand il s'arrête et qu'elle
peut fixer ses regards sur lui, il lui est impossible même de lui faire un signe. Car,
outre qu'il ne pense pas à elle, non plus qu'à
aucune autre de son sexe, beaucoup moins
a-t-il attention sur une femme qui a le visage
entièrement voilé. Et puis, elle a des surveil-
lants autour d'elle qui épient si elle soulèvera

un tant soit peu ce voile, pour en faire le rapport au mari jaloux.

Malgré sa vie assez remplie de vanités, Al-cime ne laissait pas de fréquenter les églises et de recevoir les sacrements. Il faisait assez ordinairement ses dévotions dans un monas-tère qui était au voisinage de sa maison. C'é-tait quelque dimanche du mois auquel une confrérie célèbre faisait faire une procession qui attirait une grande assemblée à sa solen-nité et à son indulgence. Notre gagneuse de pardons ne manqua pas de s'y faire conduire par sa bonne mère. Alcime, de son côté, s'y trouva en qualité de membre de cette confré-rie. Vannoze prit de là occasion d'une très-noire méchanceté. Alcime, pour se disposer aux approches de la table sacrée, alla déchar-ger sa conscience et faire son accusation aux pieds de son confesseur ordinaire qui était un des religieux du monastère et qui occupait alors un des confessionnaux. Vannoze, qui le

suivait des yeux à travers son voile et qui exa-
minait attentivement toutes ses actions, remar-
quant l'endroit où il était allé recevoir l'absolution, estima, comme une araignée venimeuse,
que c'était là qu'elle devait tendre ses toiles
pour attraper ce moucheron. Elle va, quelques
moments après, faire aux oreilles du même
père une accusation feinte de ses menus défauts qui la firent admirer de ce personnage,
lequel, jugeant de l'oiseau par le ramage,
estima avoir fait rencontre d'une âme toute
pure et remplie de beaucoup de perfections.
C'est ainsi qu'elle éblouit ce bon homme. Et
comme il n'y a rien qui console tant ceux qui
travaillent à la vigne du Seigneur, dans ce
pénible office qui les rend de confesseurs
martyrs, que de rencontrer parmi les épines
de mille iniquités dont leurs oreilles sont bat-
tues, les roses de quelque belle âme pleine
des rosées de la grâce et qui exhale une
bonne odeur dans l'Eglise, ce bon père bénit

Dieu de ce que, dans le monde, il se réservait encore beaucoup d'âmes fidèles qui, au lieu d'adorer les veaux de Bethel et de fléchir les genoux devant Baal, opéraient leur salut en tremblement et en crainte. La fine rusée pénitente reconnut, aux applaudissements que ce consolateur faisait aux grâces divines qu'il estimait être dans son âme, qu'elle s'était emparée de sa confiance. Elle s'humilia par des paroles artificieuses, comme ces ballons pleins de vent qui bondissent d'autant plus haut qu'on les pousse plus fort contre terre, et néanmoins elle se dépeignit sous les couleurs d'une femme de bien fort soigneuse de son honneur et désireuse de plaire à Dieu. Puis, tirant de son âme un profond soupir :

— Hélas! dit-elle, mon père, oserais-je bien, sans offenser Dieu, vous dire quelque grande imperfection de mon prochain? Dieu sait que ce n'est pas pour aucun mal que je lui veuille, car je lui souhaite autant de bien et de félicité qu'à moi-même, mais c'est pour

éviter un grand malheur qui menace sa tête,
où il ne va rien moins que de la perte de sa
vie et de la ruine de mon honneur.

— Ma fille, répliqua le père, vous savez
quel est le sceau de la confession. Les mêmes
choses que vous pensez en votre esprit, vous
les pouvez dire en ce lieu avec confiance, car
c'est ici le pied du Thérébinthe où s'enfouis-
sent les idoles de toute sorte de méchancetés.
Je m'imagine que vous ne me tenez pas pour
tant ignorant que je ne sache combien im-
porte ce secret à mon honneur et à ma vie,
ni si méchant que je voulusse, en le violant,
blesser outrageusement ma conscience. Vous
devez donc être, sur cela, en toute sécurité et
confier librement ce dépôt à cette fidélité à
laquelle m'obligent toutes les lois divines et
humaines. C'est à vous à juger en quoi mon
entremise pourra servir à votre consolation,
et de croire que vous avez rencontré en moi
un cœur vraiment paternel.

Ainsi allait ce bon père que, pour sa sim-

plicité de colombe, nous appellerons Simplice, pour soulager cette âme qui feignait
fort la tourmentée. Enfin cette femme caute-
leuse, après avoir, par ses artifices, disposé
ainsi son esprit, lui dit, comme avec un effort
extrême, pour rendre d'autant plus vraisem-
blable son mensonge :

— Mon père, ce n'est pas la défiance que
j'aie de votre piété et de votre fidélité qui
m'arrache de la bouche ces paroles que je
voudrais pouvoir ensevelir dans un profond
silence, mais c'est la violence qu'il faut que je
me fasse pour déclarer l'immodération et l'im-
prudence d'autrui. Je le dirai néanmoins,
puisque vous m'assurez qu'il n'y a point de
péché à dire le mal d'un autre, pourvu que ce
ne soit pas par malice et avec l'intention de le
diffamer, et puisque d'ailleurs la nécessité
m'y contraint. Bien que vous soyez mort au
monde, mon père, et que vous vous mêliez peu
aux compagnies et aux conversations sécu-
lières, je dois vous parler d'un jeune homme

du nom d'Alcime, qui se rend fameux parmi
les autres gentilshommes de cette ville. Et
afin de vous le faire mieux remarquer, on m'a
dit que sa maison est voisine de votre monastère; et pour vous le faire comme toucher du
doigt, c'est ce jeune homme qui vient, peu
auparavant moi, de décharger (hélas! j'ignore
si c'est comme il convient) sa conscience devant vous.

Alors Simplice lui déclara qu'il ne connaissait aucun autre plus particulièrement dans
la ville ; que c'était un des grands bienfaiteurs
de leur couvent ; que c'était une des plus
belles âmes, des plus dévotes et des plus ju-
dicieuses qui fût jamais venue à sa connaissance, et qu'il n'y avait rien de si ver-
tueux.

—Ah! mon père, répondit la fausse pénitente, qu'il est aisé de mentir aux hommes,
mais non pas à Dieu! Car si sa malice a pu
arriver jusqu'à un tel comble que de vous
en imposer de la sorte, je tiens sa misère pour

irrémédiable, et il sera difficile qu'il ne tombe dans quelque grand malheur.

— Que me dites-vous? répliqua Simplice étonné. Eh! serait-il bien possible que cet homme ressemblât au cygne, et que sous une apparence de candeur et de piété, il recélât la noirceur de la plus indigne méchanceté qui se puisse commettre, abusant lâchement des sacrements pour en faire un voile à ses malices?

— Je ne suis pas ici, reprit la finé Vannoze, pour m'enquérir des secrets de sa conscience, mais seulement pour lui donner avis par vous, à la décharge de la mienne, qu'il ait à cesser de rechercher une femme qui, étant loyale et fidèle à son mari, ne peut jamais légitimement lui appartenir.

— Quoi! dit Simplice, Alcime recherche la femme d'autrui? O l'exécrable! ô Dieu! où sont vos foudres? Certes, il y a longtemps que je gouverne cet esprit, mais je n'ai jamais ni vu, ni aperçu, ni ouï dire de lui rien de semblable. Mais laissez-moi faire; j'espère, s'il ne me vient pas voir, aller le trouver et lui tenir un ferme langage. Je me sens assez de zèle pour oser, et assez de crédit sur lui pour arracher de son cœur cette malheureuse pensée. Que si vous me permettez de lui en parler et de lui en marquer des particularités, ce sera de vous par moi ou plutôt de Dieu par nous qu'il tiendra le salut de son âme ; car il est écrit que celui qui retire son frère du chemin de sa ruine, en délivrant cette âme de la mort, sauve en même temps la sienne, et c'est une excellente manière d'opérer son salut que de procurer celui d'autrui ; à quoi s'occupent particulièrement les religieux qui joignent à la vie monastique les fonctions cléricales.

— Non-seulement je vous le permets, mon père, dit Vannoze, mais je vous en prie ; car ce n'est pas à autre dessein que je vous en ai entamé le propos. Et afin que vous voyiez avec combien de bonne foi et de sincérité je

marche dans cette affaire, je vous déclare que
je suis la femme du seigneur Capoléon, gentilhomme assez connu dans cette cité; ce que
je vous dis, parce que l'obscurité du lieu, le
voile que j'ai sur la face, votre condition religieuse ne vous permettraient pas de me dis-
tinguer autrement qu'à la parole. Et je suis
cette malheureuse dans le visage de laquelle
ce jeune téméraire a trouvé un écueil; il
s'est tellement épris de ce peu de beauté qui
y paraît, que comme il n'est point de feu sans
fumée, non-seulement il en jette des étincelles, mais il laisse voir sa passion et sa
flamme à tout notre voisinage. Or, vous devez
savoir que la jalousie, presque inséparable
des vieillards mariés à de jeunes femmes,
s'est tellement emparée du cœur de mon mari,
qu'excepté les courses aux églises et aux lieux
de dévotion auxquels je ne vais qu'en la compagnie de ma mère, qui est cette dame que vous
voyez assez près de votre confessionnal, je suis
le reste du temps prisonnière dans une partie

d'hôtel qui est enfoncée dans son jardin, et là
je n'ai d'autre entretien que celui des images,
des livres de dévotion et de mes solitaires
pensées; trop heureuse dans cette retraite
dans laquelle j'ai moyen de plaire à mon mari
et de converser avec Dieu, si je ne craignais
que tant de folies que fait Alcime aux yeux
de tout le monde et même de mon mari, ne
portent Capoléon à cette extrémité de lui
dresser une embûche, et de lui ôter la vie
dans un état où son salut serait en danger.
J'ai déjà pressenti quelque chose des menaces
de mon mari, et je me suis aperçue qu'il se
machinait entre ses valets et quelques braves
une trahison contre ce jeune homme, ce qui
ne se peut exécuter sans entraîner Capoléon
dans sa ruine, Alcime aux enfers, et moi dans
les discours des médisants, dont la bouche est
un sépulcre ouvert où je verrais mon honneur
enseveli. Jugez, mon père, si j'ai raison de
vous avertir de ce mal qui regarde la tête
d'Alcime, afin qu'il se mette à l'abri de cette

tempête, et que, se délivrant d'une injuste passion, il évite tant de malheurs qui se préparent pour l'accabler.

— A la vérité, reprit Simplice, vous faites en même temps plusieurs actes de vertu. Car outre que vous témoignez votre honnêteté et la fidélité inviolable que vous voulez garder à votre époux, vous usez encore d'une grande prudence pour obvier à tant d'esclandres qui peuvent suivre de ce pernicieux dessein ; et principalement vous montrez une extrême charité envers ce misérable qui pour son extrême hypocrisie mériterait de périr dans son impiété. Mais il vaut toujours mieux bien espérer de la divine miséricorde et de la conversion des pécheurs, surtout quand le mal est encore à sa naissance. Mais encore, continua-t-il, ne pourrais-je point être instruit, pour me conduire avec plus de lumière dans cette affaire, de quelques particularités des malencontreuses poursuites de cet insolent ? Je sais bien que vis à vis la constance de votre honnêteté, ses

soupirs et ses larmes seront des vents et des
vagues contre un rocher, mais jusqu'où est
allée son outre-cuidance ? Votre mari s'en
est-il aperçu ? En est-il venu aux paroles,
aux menaces, aux bravades, aux vanteries,
aux écrits, aux violences ? car il y a des de-
grés dans ce vice comme en tout autre ; ou
bien n'y a-t-il eu que quelques regards, quelques mimes, quelques grimaces ?

— Par la grâce de Dieu, repliqua Vannoze, il n'en est pas encore venu aux extrémités que vous avez spécifiées. Il en est encore à ses premiers essais. Mais ils sont si
évidents qu'ils sont remarqués de tout le
monde, d'autant que tous les soirs, sous ombre de prendre le frais, et de faire manier son
cheval (en quoi et en sa suite il a une grande
vanité), il a comme choisi notre rue qui est
belle et spacieuse, pour le théâtre, dirai-je,
de ses exercices ou de ses folies ; et cela pensant m'attirer aux fenêtres, comme beaucoup
d'autres inconsidérées, afin de voir mon visage,

dans la glace et la froideur duquel il a trouvé
des feux qui le consument avec autant de pouvoir qu'il a d'impuissance et de faiblesse à y
résister. Au commencement de ses passages
dans notre rue, lorsque j'avais la liberté d'aller
où il me plaisait dans la maison, je fus de ses
spectatrices et cause innocente de l'affection
qu'il a prise, sans que je lui en donnasse sujet.
Capoléon même, qui prenait grand plaisir de
le voir dans ses exercices et qui a été dans son
temps habile à cheval, me conviait à le considérer. Mais depuis que sa jalousie m'a relé-
guée dans un corps de logis fort éloigné de la
rue, c'est en vain qu'Alcime revient sur ses
brisées, puisque je suis tout à fait éclipsée à
ses yeux. Je redoute quelque accident pour ce
pauvre oiseau qui se verra s'il n'y prend garde,
pris à la glu qu'il aura faite. Je vois que les
ondes s'émeuvent et que l'orage est voisin.
Mon mari, à qui tout fait ombre, et qui sait
que je me soucie fort peu de voir ce beau chevalier, se fâche que chacun parle entre les

dents de ses passages, et dit en murmurant
qu'il fait tous ces tours pour un oiseau que
Capoléon tient en cage, c'est-à-dire pour ma
considération. S'il vous plaisait donc, mon
révérend père, faire cet office de charité, à
lui, à moi et à mon mari, pour aller au-devant
d'un grand scandale, de l'avertir de se détourner désormais de cette poursuite qui est
inutile et qui ne peut lui être ni fructueuse ni
honorable, et que peut-être entre ses passages
en trouvera-t-il un qu'il ne cherche pas qui
est celui de la vie à la mort. Etant enfermée
comme je suis, je n'ai pu lui faire donner cet
avis par aucun de mes domestiques, de peur
qu'ils ne crussent qu'il y eût entre nous quelque intelligence, et que mon mari qui les met
comme autant d'espions autour de moi, ne
prît sujet de là de me traiter plus mal. Comme
j'étais sur le point de charger ma mère de
cette commission pénible, Dieu m'a inspiré
sur-le-champ de venir à vous, l'ayant vu sortir
de votre confessionnal. Si bien que désormais

je me reposerai sur votre prudence et charité
pour donner remède à ce malheur.

. —Ma fille, reprit le bon père Simplice, puisque non-seulement vous me permettez, mais
me commandez d'ouvrir la bouche sur ce sujet
pour le bien et le salut de tant d'âmes, je vous
obéirai volontiers dans une occasion si juste où
il va de la gloire et du service de Dieu que je
sers; reposez-vous en sur moi. J'apporterai
toutes mes diligences pour trancher tous les
filets de cet indiscret. Soyez fidèle et constante,
et tenez de moi cette maxime que la plus
grande finesse qui soit au monde c'est d'avoir
une bonne conscience et de marcher avec droiture devant Dieu. Ayez bon courage et confiance dans sa divine bonté. Car, sans doute,
la vérité et la pureté vous délivreront.

Là-dessus, lui ayant donné la bénédiction,
il la laissa aller en paix.

Ne semble-t-il pas que cette femme fait
comme les rameurs qui tournent le dos au
port où ils tendent, et qu'elle ait pris en écar-

tant Alcime le moyen de ruiner tout à fait son
propre dessein ? Mais, tels sont les replis du
cœur humain, quand il recèle le vieux serpent
homicide dès le commencement et par lequel
le péché est entré dans ce monde, qu'on ne va
jamais au vice de droit front ; il lui faut toujours quelque couleur, quelque déguisement;
autrement on verrait avec trop d'évidence,
que c'est une ruse inventée, ou un métal de
faux aloi.

Vannoze, sortie de devant le père Simplice,
dit à sa mère avoir trouvé tant d'édification
dans ses remontrances et de profit dans ses
instructions, que désormais elle le veut avoir
pour confesseur ordinaire ; de quoi la mère
fut bien réjouie, ne voulant rien avoir que le
contentement et la perfection de l'esprit de sa
fille. Elle se ménageait ainsi un prompt retour
pour savoir l'effet de sa malicieuse intention.

Cependant le bon religieux, emporté par
son zèle, sans attendre qu'Alcime dont il ap-
préhendait la perte, retournât à lui pour se

confesser, l'alla visiter dans sa maison, comme
il faisait quelquefois, tant en qualité de voisin
que pour cultiver la bienveillance de ce bien-
faiteur de son monastère. Et pour mêler un peu
de prudence avec sa simplicité, sachant par la
commune opinion et par la plus commune
expérience que toutes les paroles des femmes
ne sont pas des oracles, il avait fait épier s'il
était vrai que ce gentilhomme allât ainsi sur
le soir se promenant à cheval par la rue où
était le logis de Capoléon : ce qu'il apprit de
bonne part être fort véritable ; et de plus que
l'on parlait fort de lui, de sa grâce et de ses
galanteries. Le bonhomme prit de là conjec-
ture que Vannoze lui avait fait une plainte
fort vraie.

Etant donc avec Alcime, après plusieurs
discours et entretiens indifférents il le fit tomber insensiblement sur ses sérénades et sur
ses promenades ordinaires dans les rues. Ce
que ce jeune gentilhomme lui avoua ingénu-
ment, et même lui dit que, pour éviter les yeux

de beaucoup de personnes qui se mettaient
aux fenêtres pour le voir passer, il cherchait
pour cela les rues les plus écartées et les
moins fréquentées, confessant de plus qu'il
avait grand plaisir dans cet exercice, auquel,
selon l'opinion d'un chacun, il réussissait
heureusement.

— Mais, mon père, dit-il, y a-t-il du mal
en cela? et cette gloire qui ne peut être plus
appelée que vaine, est-elle un grand péché?
car d'être vu, loué, admiré, c'est une chose
qui se fait aussi bien dans une académie et
en plein manége que dans les rues, et il ne se
peut nier que ce doux applaudissement ne
flatte et ne chatouille le cœur par l'oreille.

Alors Simplice pensant avoir amené Alcime
au point où il le désirait, s'avança de lui dire
que se promener à pied ou à cheval était
de soi chose indifférente; mais que les choses
indifférentes devenaient bonnes ou mauvaises
selon les desseins et les déterminations qu'on
y mêlait, n'y ayant rien de si bon qu'un mé-

chant esprit ne corrompe et dont comme
l'araignée il ne fasse poison, ni rien de si
mauvais dont un bon esprit ne tire quelque
avantage. Que les festins, les banquets, les
assemblées, la danse, les jeux honnêtes et ré-
créatifs, les habits et choses semblables étaient
de cette qualité, et n'étaient louables ou
blâmables que selon l'usage ou l'abus, la mo-
dération ou l'excès de ceux qui s'en servaient.
Mais que la nature et les sens de l'homme
étaient tellement enclins au mal dès l'ado-
lescence que nous corrompons les choses
même les meilleures et beaucoup plus les
indifférentes; que plusieurs dans les compagnies qui s'assemblent pour lier les amitiés
et confirmer les bienveillances qui conservent
l'union et la société publiques, plusieurs pratiquaient des affections déréglées d'où nais-
saient des actions fort scandaleuses. Que
même ces promenades par la ville avec tant
de suite, de pompe et d'éclat, ne pouvaient
être non-seulement sans excès, mais sans

7

beaucoup de dangers de prendre ou d'être pris; le monde étant de toutes parts si rempli de piéges.

D'ailleurs, que pensez-vous que disent les autres hommes en voyant un jeune chevalier leste, brave, bien vêtu, bien monté, faisant plusieurs tours et retours par une rue, sinon qu'il a des desseins pour quelque sujet? De là les murmures, les curiosités, les médisances, les scandales. Que si l'objet n'est pas légitime, voilà une femme diffamée, un mari embrasé de jalousie qui ne médite que des fureurs et des vengeances, car à quel propos venir sous ses yeux le rendre l'opprobre du monde et la risée du peuple?

De cette source naissent de graves et dangereux accidents qu'il est plus aisé d'éviter que d'y porter remède quand ils sont arrivés. Et puis prenant son temps à propos :

— Ce n'est pas sans cause, dit-il, seigneur Alcime, que je vous tiens ce discours, car j'ai appris de bonne part de vos mauvaises

nouvelles. Et certes qui eût jamais cru
qu'une âme que j'estimais si belle eût voulu,
en trompant les hommes, ce qui est si facile,
offenser Dieu si grièvement? Mais, ne vous y
trompez pas, on ne se moque point de Dieu
impunément : s'il en retarde la vengeance
c'est pour en redoubler la pesanteur. Je serais
traître non-seulement à votre amitié et au
soin que je dois avoir de votre salut et du
mien, mais aussi au maître que je sers, si je
ne vous avertissais de votre perte temporelle
et éternelle. L'épée du courroux divin pend
sur votre tête et ne tient qu'à un petit fil.
Déjà tout conjure contre vous si vous ne vous
retirez de votre mauvaise voie. Ne pensez pas
m'en imposer par des confessions feintes et
supposées, car Dieu jugera un jour vos dissi-
mulations et mes intentions, quand il découvrira le secret des cœurs.

Si jamais homme fut surpris et étonné ce
fut Alcime qui, voyant son innocence cou-
verte d'un crime qu'on ne lui spécifiait point,

changea en même temps de mille couleurs ; ses traits montrèrent une altération que la sincérité et l'ingénuité peuvent causer aussi bien que le remords de conscience.

Simplice qui le regardait fixement jugea qu'il était criminel et lui dit :

— Courage ! seigneur Alcime, tout ira bien, vous avez rougi : cette haute couleur relève mon espérance et me fait espérer que vous rentrerez en vous-même.

Alcime qui ne sentait sa conscience chargée que de l'usage injuste qu'il avait fait des biens de l'Eglise, fit comme ceux qui sont frappés, lesquels portent incontinent la main vers leur plaie parce qu'ils y sentent de la douleur ; puis se souvenant qu'il avait souvent conversé de cela avec le bon père qui avait calmé sa conscience :

— Certes, mon père, lui dit-il, de même qu'entre les mouches, celle qui fait le miel est celle qui pique le plus âprement ; de même vôtre bouche me donne un assaut d'autant plus rude que jusqu'à présent, elle n'a distillé pour moi que douceur et consolation. Dieu m'est témoin que je ne vous ai jamais rien célé en confession, et ce que vous n'avèz point su de moi en ce lieu-là, je l'ai ignoré moi-même. Il est bien vrai que je ne me veux pas réputer pour un grand homme de bien, car si je me voulais justifier, ma propre bouche me condamnerait, je suis conçu en iniquité et c'est en iniquité que ma mère m'a mis au monde; mais au moins ai-je aimé la vérité et me suis-je par elle et selon elle accusé de mes fautes les plus secrètes; s'il y en a de plus secrètes que Dieu vous ait révélées par quelque voie que je n'entends point, dites-le-moi et me reprenez en esprit de douceur et de bénignité. Je suis prêt à m'en corriger; car je prie Dieu de bon cœur tous les jours avec le Roi-prophète qu'il me délivre des fautes dont je puis être coupable par la participation de celles des autres. Jusqu'à présent je puis dire avec hardiesse que rien ne me

pèse sur le cœur que ces bénéfices dont je
jouis sans avoir l'intention d'être d'église,
mais n'étant pas marié moi-même, et ces
biens étant de nature à pouvoir être possédés
par un clerc simple acolyte, et ne les pouvant
absolument quitter sans blesser le respect que
je dois à mes parents, je ne pense pas les retenir à un titre tant injuste, vu que vous
savez que je vous ai souvent révélé cette
cause de mes scrupules et que je suis prêt,
sous le bon plaisir de ceux de qui je dépends,
d'en faire ce qui sera jugé à propos par des
personnes graves et de plus grande prudence
que je n'en ai.

Simplice croyant que par subtilité, Alcime
voulait habilement parer le coup et changer
de propos pour éviter de répondre à la question qu'il lui avait, ce lui semblait, assez
nettement posée :

— Non, non, seigneur Alcime, reprit-il,
ce n'est pas ainsi que vous m'échapperez. Je
serais bien peu avisé de vous parler si haute-

ment d'un sujet dont nous avons devisé tant de fois. Il y a bien un autre mystère, et mystère d'iniquité que vous n'avez jamais révélé, et qui, par une voie que vous ne devineriez jamais, est venu à ma connaissance. Certes ce sera pour votre bien, si vous vous servez de ma remontrance, et pour la décharge de mon âme, si vous la rejetez. Ce que je vous en dis vous servira de correction, si vous le prenez comme il faut, et d'avertissement, en cas que vous ne vouliez pas en faire votre profit.

Je vous dirai donc maintenant qu'il y a bien de la différence entre les lois positives et les lois divines. Les hommes ont fait le droit positif; aussi en peuvent-ils dispenser; mais quant aux lois divines, elles sont indispensables, et quiconque cherche des excuses pour les violer, redouble sa malice et se rend plus grièvement coupable. Ainsi, quant à l'usage des biens ecclésiastiques, le Saint-Père qui en est le suprême dispensateur, peut en faire des grâces à ceux qu'il juge à propos de favoriser. Mais il n'y a aucune autorité en terre qui puisse dispenser des commandements de Dieu : « Tu ne tueras point. Tu ne déroberas point. Tu ne commettras pas d'adultère. »

Et le bonhomme disait ceci confusément pour ne pas toucher tout à coup à la plaie de celui qu'il tenait pour blessé.

A cela Alcime repartit :

— Mon père, si j'étais autant innocent sur l'hypothèse que vous avez faite touchant le droit positif que sur les trois derniers articles du droit divin que vous venez de produire, mon âme serait dans une profonde paix et j'aurais grande occasion de bien espérer de la divine grâce. Car quant à l'homicide, j'ai les mains exemptes de sang et je ne souhaite dans mon cœur la mort de personne au monde. Quant au bien d'autrui, je suis fort éloigné d'en avoir les mains souillées, puisque mes désirs n'en sont pas touchés et puisque celui-là même que je possède me pèse. Et

quant à l'épouse d'autrui, Dieu me garde de
la souhaiter, puisque je n'ai jeté encore les
yeux sur aucune femme que je voulusse épouser moi-même légitimement. Et c'est là la
contrariété que j'ai tous les jours avec mes
parents qui ne souhaitent rien tant que de
me voir marié; mais il n'y a rien que je redoute davantage, aimant mieux être oiseau
des bois qu'oiseau de cage.

— Adam, où es-tu? s'écria Simplice qui
pensait que ce jeune gentilhomme par ses
belles paroles voulait l'éblouir. Quoi! seigneur Alcime, pensez-vous tromper ainsi un
vieillard qui a, sinon autant d'esprit et de souplesse, au moins, en raison de son âge, plus
d'expérience que vous? Encore une fois,
Adam, où es-tu? Quoi? pensez-vous chercher
des feuilles pour couvrir votre honte? ne
vous cachez donc pas inutilement, ô enfant
de mon âme. Prévaricateur de la loi de Dieu,
revenez à votre cœur; reprenez votre première vertu. Reprenez par une bonne péni-

tence la robe de l'innocence perdue. Retournez, ô prodigue ! dans la maison de votre père céleste, maintenant que ses bras vous sont ouverts et que l'heure du salut et de la lumière est arrivée pour vous !

Alcime, plus étonné que jamais, ne savait que répondre à ces discours si pleins d'obscurités et qui lui étaient des énigmes.

— Mon père, lui dit-il, parlez plus clairement et faites-vous entendre, afin que je vous réponde. Jusqu'à quand tiendrez-vous mon esprit en suspens? Je consens que toutes les colères des cieux s'abattent sur ma tête, si je ne me sens coupable de rien, bien que pour cela je ne veuille pas me justifier. Ai-je tué? ai-je volé? ai-je été adultère?

— Je ne parle pas des deux premiers articles, reprit Simplice, ni même de la réalisation du dernier. Mais le mal voulu est consenti coupable aux yeux de Dieu, comme le mal exécuté; d'autant que Dieu pénètre les cœurs et sonde les reins et que devant lui tout est ouvert, rien n'est caché, et il voit nos pensées de loin et prévoit nos desseins avant qu'ils soient éclos. Il ne tiendra pas pour innocent celui qui, ne pouvant l'offenser, en aura le projet. Or à quoi vous servent tant de promenades, de tours et de retours, de mines et d'œillades qu'on remarque tous les jours en vous? Le monde est moins facile à tromper que vous ne pouvez le penser. L'Ecriture nous apprend qu'il est plein de finesse et de malice.

Nous sommes pires que nos pères,
Le monde roule en empirant.
Nos neveux seront des vipères
Qui vivront en se déchirant.

Le monde est plus fin que vous. Il est mal aisé, pour subtil que vous soyez, d'endormir cet Argus qui a tant d'yeux. Si les malicieux par de fausses conjectures voient souvent les choses qui ne sont pas, combien plus verront-ils celles qui frappent les yeux? Croyez-moi il n'y a pas de feu sans fumée, et il est difficile de contenir les flammes dans son

sein sans qu'il s'en évapore quelque étincelle.
Tant d'allées et de venues ne sont pas sans
quelque mauvais dessein. Si vous ne pensez
à vous, vous tomberez dans quelque grand
accident. Je dis ceci sans autre intérêt que le
désir de votre bien et la crainte du mal qui
peut vous arriver. Je ne vous aimerais pas si
je dissimulais ce qui vous est si préjudiciable.
L'ami et le flatteur sont deux rôles trop différents pour être soutenus par une même personne.
sonne. Enfin, revenez à vous. Dieu vous a
donné de trop beaux talents d'esprit et de
corps, pour les employer si misérablement à
la recherche d'un bien défendu et dont la
possession ne vous pourrait être que très-
pernicieuse. Pardonnez-moi si par ce trait je
vous fais sentir vivement la plaie qui pourrait
vous causer non-seulement la mort temporelle, mais encore la mort éternelle, et prenez
ces remontrances de la part d'une âme qui fait
de votre salut une partie du sien.

Voilà notre Alcime, par ce jargon incertain,

livré à un plus grand trouble qu'auparavant,
ne pouvant deviner qui l'avait calomnié auprès
du bon père qu'il honorait et estimait grandement comme un fidèle serviteur de Dieu.

Il commence à prendre le ciel et la terre à
partie et à protester si hautement de son innocence que, plus il s'efforçait de persuader à
Simplice la fausseté du rapport qu'on lui avait
fait, plus ce bon père le croyait véritable. Il
en vient à des serments étranges que les
oreilles de ce religieux ne purent pas souffrir,
lui semblant qu'ils approchaient du blas-
phème. Sur quoi il lui dit :

— Et pensez-vous, Alcime, que l'adultère
soit un crime qui se purge par serment et que
le parjure soit pire qu'un sacrilége? Si cela
était, les plus scélérats seraient bientôt dé-
chargés de leurs crimes et les accusés seraient
bien promptement élargis. Mais je vois bien
ce que c'est. Si vous n'avez pas eu confiance
en moi, dans un tribunal sacré où la fidélité
est attachée à ma vie, vous en auriez beau-

coup moins à me révéler vos secrets, maintenant que nous ne sommes qu'aux termes
d'une conversation familière. Souvenez-vous
seulement qu'il est autant aisé de tromper les
hommes qu'impossible de tromper Dieu, et
que celui qui fait ces coups-là, se trompe lui-
même le premier. Qui ne se rira de l'enchan-
teur, dit le Sage, quand il sera mordu par le
serpent?

— Mon père, reprit Alcime, je crois que
vous me dites tout cela pour m'éprouver et
mettre à l'essai la patience de votre pénitent.
Je veux que le Ciel ne me le pardonne jamais
et qu'il invente quelque nouveau supplice
pour me châtier, appelant sur ma tête tous
les anathèmes imaginables, si je vous ai jamais
rien caché sciemment de ce que je pensais
vous devoir être déclaré en conscience et en
quoi je tinsse mon âme coupable. Dieu me
garde d'une pensée si double, si malicieuse,
si sacrilége! Et même, je vous puis protester
solennellement sur tout ce qu'il y a de plus

saint au ciel et sur la terre, que je n'ai pensé
à aucune femme qui appartienne à autrui.
Tout ce que je puis dire est qu'il faut que ce
soit ou la jalousie qui voit souvent ce qui
n'est pas, ou la calomnie qui ait inventé cette
accusation contre moi, et dont je vois votre
esprit tellement préoccupé que si Dieu n'y
met la main, je ne sais qui l'en pourra désa-
buser. Je sais le respect que je dois à votre
caractère et combien je suis obligé de déférer
aux salutaires remontrances qui me viennent
de votre paternité; et quoique vous me puis-
siez dire ou faire, je n'en départirai jamais,
sachant l'ascendant que doivent avoir sur
nous nos pères tant spirituels que temporels;
seulement j'attendrai avec patience que le
temps, père de la vérité, tire la lumière des
ténèbres et mette mon intégrité et ma sincérité en évidence. Je me tiens pour pécheur
devant Dieu, mais non pas jusque là que je
doive tenir rang entre les adultères, les trom-
peurs et les sacrilèges. Vous dissiperez ces

opinions de votre esprit quand il vous plaira.

Simplice estimant que ce jeune homme s'était tout à fait affermi dans le mal, sans se vouloir reconnaître, après lui avoir brièvement fait voir l'état déplorable de son âme et qu'il était sur les bords du précipice de l'enfer, lui dit qu'il cherchât désormais quelqu'un pour l'accompagner dans un si périlleux voyage ; que pour lui, il était résolu de se sauver, et se tenait quitte de sa conduite après lui avoir donné ces charitables avis. Que s'il ne s'abstenait de ces courses et promenades accompagnées de sollicitations trop évidentes, d'une dame de qualité et d'honneur, il se verrait un beau jour jeté à terre lorsqu'il y penserait le moins, et conduit au tombeau à la fleur de ses plus beaux jours, par un accident autant inopiné que misérable. Et làdessus il le quitte sans que les instantes prières d'Alcime pussent tirer de lui aucun éclaircissement plus particulier.

Ce gentilhomme demeura dans une confu-

sion de pensées qui n'était pas petite, car bien
que la crainte, ordinaire bourreau des coupables, n'altérât pas son courage, cependant la
frayeur naturelle de la mort et d'une mort
imprévue, et l'appréhension d'un honteux assassinat le préoccupèrent beaucoup, joignant
à cela la juste curiosité de savoir qui pouvait
avoir imbu l'esprit de ce bon père d'une calomnie si fausse qu'il pensait qu'elle devait se
démentir elle-même.

Il passa toute la nuit sans fermer l'œil et
dans d'étranges agitations intérieures, agité
d'un perpétuel remords qui ne l'abandonnait
pas de la possession injuste des biens de l'E-
glise qu'il dissipait.

—Peut-être, disait-il en lui-même, que cet
adultère imaginaire auquel je n'ai jamais
pensé, servira d'occasion pour me punir du
véritable que je commets tous les jours, en ap-
pliquant à des usages profanes des revenus
qui devraient être dépensés à des œuvres
pieuses et saintes. La grandeur de la sagesse

et de la science de Dieu est extrême ; ses jugements sont incompréhensibles et ses voies impénétrables. Combien ne voit-on pas de malfaiteurs conduits au supplice pour des crimes qu'ils n'ont pas commis, qui avaient néanmoins mérité la mort pour des fautes plus atroces demeurées cachées jusqu'à l'aveu qu'ils en ont fait ! Dieu est juste, ses jugements sont pleins de droiture ; il sait comment il punit et pourquoi il punit.

A peine le soleil avait amené à l'horizon de cette terre son visage tout couronné de rayons, qu'Alcime qui n'avait pu clore la paupière, dévoré de diverses pensées, sortit du lit, et ne pouvant trouver le repos qu'il n'eût remis son âme dans la grâce, alla de grand matin trouver le père Simplice pour être éclairci de cette enigme qui l'avait rempli d'un si amer souci.

Le religieux se fit prier et presser assez longtemps avant que de vouloir lui donner audience ; mais enfin la charité qui était dans son cœur l'emporta et se laissa fléchir. Alcime lui ayant déclaré le trouble où il l'avait laissé et les inquiétudes qui l'avaient accompagné toute la nuit :

— Je n'en doute pas, reprit Simplice, la mauvaise conscience sert de bourreau à celui qui n'a pas tout à fait perdu le sentiment de son crime. C'est bon signe quand on se réveille soi-même d'un sommeil léthargique. Dieu soit loué qui par la remontrance que je vous ai faite vous a fait connaître le déplorable et dangereux état auquel vous vous endormiez. Courage ! vous n'en mourrez pas, mais vous vivrez pour chanter à jamais les œuvres merveilleuses des divines miséricordes.

— Mon cher père, répondit Alcime, je suis plus aveugle que jamais et plus ignorant de ce que vous me devez dire, ce me semble, comme à votre fils spirituel avec plus de franchise. Faites que je voie, et certes, de quelque manière que ce soit, il faut, s'il vous plaît, que vous me fassiez connaître davantage les particularités du rapport qui vous a été fait, afin que, s'il est vrai, je puisse dire comme David au prophète Nathan : J'ai péché ; ou bien que je dise avec Joseph injustement accusé et mis en prison : Je suis innocent de ce dont on m'accuse.

— Seigneur Alcime, dit Simplice, je vous en prie, ne parlez pas d'innocence, étant si notoirement convaincu ; mais je vous dirai comme S. Ambroise à Théodose : Si vous avez suivi l'exemple de David dans ses égarements sinon d'effet au moins de volonté, suivez-le dans son repentir.

— Et vous, mon père, reprit Alcime, imitez et suivez, s'il vous plaît, l'exemple de Nathan, pour me dire en quoi je suis coupable.

Simplice à ce mot croyant avoir pris la place d'assaut, sans perdre de temps et comme pour s'accommoder à l'infirmité de cet esprit qu'il croyait malade de la plus dangereuse des maladies, celle des passions coupables, après beaucoup de détours de paroles, l'amena doucement sur ses promenades du soir.

Alcime avoua, en exagérant même l'excès de ses superfluités dans ses habits et ses nombreux domestiques, qu'il avait beaucoup de plaisir à entendre les applaudissements et à recevoir les éloges de ceux qui le regardaient, et la vanité que son âme en tirait. De là Simplice lui parla de la rue où était l'hôtel de Capoléon, gentilhomme assez connu dans la ville par ses qualités et sa fortune, et lui demanda pourquoi il y allait si souvent et s'arrêtait plus longuement qu'en aucun autre endroit devant cette maison-là.

Ce fut ici qu'Alcime croyant avoir découvert dans ces demi-mots la vérité, lui répondit brusquement :

— Certes, mon père, ce que nous voyons par les yeux d'un jaloux nous abuse ordinairement.

Et alors il lui raconta ce que toute la ville savait, et dont on faisait des contes partout, de

la jalousie de Capoléon devenu pour cela la
fable de tout le monde.

— Mais encore, s'il vous plaisait de me
dire, mon révérend père, de qui particulièrement Capoléon est entré en ombrage. Car
que ce soit de moi, il n'y a nulle apparence,
vu que je connais si peu sa femme qu'à peine
la distinguerais-je entre plusieurs, l'ayant
vue autrefois avant son mariage et quelquefois avec d'autres dames, depuis qu'elle est
mariée, lorsqu'elle avait encore la permission
d'aller dans le monde ; mais depuis que, par
une étroite prison, il l'a rendue invisible même
aux yeux du ciel, certes il faudrait que j'eusse
la vue d'un lynx pour pénétrer, par mes regards, les murailles qui la renferment. Si ce
bonhomme n'a la fièvre que de ce côté-là, il
sera fort aisé de le guérir. D'après cela, je le
vois, reprit Alcime, Capoléon est entré en jalousie de moi, estimant que mon passage fré-
quent dans sa rue et assez souvent devant sa
porte, était un hommage à celle qui est plus

son idole que la mienne. O Dieu ! qu'il me soit
permis de dire ce mot, quelle duplicité est-ce
là ? certes il n'y a personne, je ne dirai pas
dans tout le quartier, mais dans toute la ville,
qui me fasse sur ce sujet de plus grands applaudissements que lui. A qui est-ce désormais que je pourrai avoir confiance, puisque
par des paroles flatteuses il me trompe si là-
chement ? Vraiment cet homme-me donnera
désormais un juste sujet de me défier de lui,
autant qu'il a eu tort d'entrer en défiance de
moi qui n'ai jamais pensé de ma vie à son
épouse que je tiens pour très-vertueuse et qui,
si je ne me trompe, était digne d'un meilleur
sort que de tomber en de si cruelles mains.
Mon révérend père, je vous remercie très-
humblement de cet avis, et je vous promets
à l'avenir de me tenir sur mes gardes et de
faire en sorte, sans blesser mon honneur,
qu'il perde la mauvaise opinion qu'il a conçue
de moi.

Alors Simplice, voyant que le masque était

levé et qu'il était temps de parler ouvertement,
lui protesta, comme il était vrai, que Capoléon ne lui avait point parlé de cette affaire,
mais qu'il l'avait apprise d'une âme pieuse,
telle qu'il estimait celle de Vannoze, si fort
désireux de son salut temporel et éternel.

— Mon père, dit Alcime, c'est une chose
si honteuse à un jaloux de découvrir sa propre
turpitude que je crois bien que Capoléon, à
qui il reste quelque peu de courage, se sera
dispensé lui-même de vous en faire le rapport,
se servant pour cet effet d'une personne tierce
qui, sous prétexte de piété, vous aura donné
cette mauvaise information et vous aura fait
cette relation fausse au préjudice de la vérité.
Je suis ici devant Dieu et j'aimerais mieux y
mourir à l'instant que de mentir, mais je vous
puis assurer et affirmer saintement et sur le
salut de mon âme que je n'ai jamais eu aucune pensée pour l'épouse de Capoléon. Vous
pourrez en assurer cette âme charitable et lui
dire que si j'étais aussi assuré de mon salut

éternel, et aussi peu craintif de la justice divine que je le suis des efforts du jaloux Capoléon, je pourrais bien me mettre au nombre des élus, comme je puis, par la grâce de Dieu, me mettre à l'abri non-seulement des menaces, mais aussi des méchants et pernicieux effets de la jalousie de cet homme que je veux bien aimer, puisque la loi de Dieu me le commande, mais contre les surprises duquel je dois me garder comme d'un traître et d'un ennemi.

Simplice jugeant bien cette fois aux paroles de ce gentilhomme dont il connaissait l'âme de longue main, qu'il proférait la vérité et s'excusait d'une faute dont il se sentait innocent, ne voulut pas insister davantage, et s'imaginant que Vannoze lui avait réellement rapporté la jalousie de son mari fondée sur une fausse opinion des recherches d'Alcime, se contenta de ce que lui affirmait son pénitent; mais pour obvier à tout malheur et aussi pour lui arracher toute rancune du cœur contre Capoléon qu'il avait nommé son enne-

mi, mot de défi dans cette contrée-là, il lui
proteste de rechef, ce qui était vrai, que Capoléon ni par lui-même, ni par personne inter-
médiaire, ne lui avait donné ce tavertissement
ni fait faire ces menaces, mais que c'était une
bonne âme timorée qui peut-être lui avait par
trop exagéré la chose et fait, selon le proverbe,
le loup plus grand qu'il n'était; qu'il le sup-
pliait pour cela de ne point voir Capoléon de
plus mauvais œil et de ne rien faire pour irriter sa maladie, laquelle était de la nature de
ces feux artificiels que tout nourrit et que rien
ne peut éteindre, qu'il fallait avoir compassion de semblables infirmités d'esprit, ajoutant
que l'unique remède qu'il voyait à toute cette
mésintelligence était qu'il s'abstînt désormais
de passer dans cette rue, au moins jusqu'à ce
que le temps eût insensiblement effacé de l'esprit de ce mari les impressions que sa mauvaise humeur pouvait y avoir gravées, n'étant
pas le fait d'un homme prudent d'irriter des
abeilles, lesquelles, quoique naturellement

douces, comme nées et nourries dans le miel, savent néanmoins défendre leurs rayons avec l'aiguillon.

Pour ces raisons Simplice conseilla, sans commandement néanmoins , mais d'un conseil vraiment accompagné de l'esprit de Dieu, de se départir de la fréquentation

> De ces funestes rivages
> Noircis de tristes naufrages.

Alcime eut un peu de peine à se résoudre à cette obéissance, disant au père que les lois des cloîtres et celles du monde étaient bien différentes, que celles-là mettaient l'honneur dans la soumission aveugle et au renoncement de toutes choses, mais que dans le siècle, c'était une espèce d'infamie de prendre la loi de la volonté de ses ennemis :

> Qu'il fallait témoigner qu'on avait du courage
> Et contre leur effort se roidir davantage ;
> Car céder aux mauvais c'est une lâcheté,
> Et donner le dessus à leur méchanceté.

Là-dessus Simplice s'imaginant que ce fût quelque étincelle de ce feu caché qui ne se pouvait tout à fait éteindre :

— Seigneur Alcime, dit-il, si vous trouvez ce remède difficile, vous me contraindrez de dire que celui-là est attaché à l'impiété qui fait des obstacles pour n'obéir pas au précepte; outre que vous êtes obligé en conscience de ne donner aucune occasion de scandale, combien plus vous devez éviter les rencontres et les actions qui donnent lieu de supposer que vous avez des intentions mauvaises.

— Mon père, dit Alcime, vous avez raison comme chrétien et comme religieux : mais je vous prie de considérer que je suis chrétien comme vous et que je ne suis pas religieux comme vous, mais séculier et homme du monde ; et bien qu'il n'y ait pas de rapprochement entre les lois de la piété et celles du siècle, nous sommes obligés, en observant les unes, de ne pas omettre les autres, si nous voulons maintenir notre réputation. Pensez que

je suis homme d'épée, et qu'autrefois étu-
diant au cas de conscience j'ai appris que,
quand un ennemi m'attaquera, je ne suis pas
obligé de fuir ni de sauver ma vie par la brè-
che de mon honneur. Si Capoléon m'attaque,
je crois qu'il ne me sera pas défendu de l'attendre et peut-être, selon le sort des armes,
de l'étendre sur la poussière qu'il me voudrait
faire mordre, c'est à quoi je suis résolu mieux
que de me laisser assassiner par une si lâche
main.

Simplice arrêta ici ce discours, jugeant
que s'il ne le coupait à temps, Alcime s'exci-
terait à une colère qu'il aurait de la peine à
éteindre, et se porterait peut-être, selon la
promptitude si naturelle à la jeunesse, des
paroles à l'exécution. Il amádoua donc et
flatta ce courage généreux, protestant de
nouveau de l'innocence de Capoléon, et re-
connaissant que le rapport qui lui avait été
fait à lui-même pouvait être parfaitement
faux ; mais que dans cette affaire son soin pa-

ternel et son zèle le rendaient excusable, disant :

— O Alcime, Alcime, vous ne savez pas ce
que c'est que d'être père et père spirituel. Si
vous aviez expérimenté combien l'âme s'at-
tache aux enfants de l'esprit, vous jugeriez
dignement de cette ardeur qui faisait que
saint Paul désirait être anathème pour la
conservation de ceux qui lui étaient chers.
Un jour viendra que vous connaîtrez cette
vérité, et que vous me saurez gré d'une sévérité apparente qui peut aujourd'hui vous dé-
plaire.

Alcime répondit :

— Tout ce qui me vient de vous ne peut
être reçu qu'en très-bonne part. Mais aussi je
vous prie de ne me pas condamner une autre
fois sans m'entendre. Et puisque Dieu le
veut, je veux bien regarder Capoléon comme
mon ami, comme mon frère chrétien, ne lui
désirant aucun mal et lui souhaitant toute
sorte de bien. Mais comme la défiance est

mère de la sûreté, il me sera permis de prendre garde à moi et non-seulement à ma vie, mais à mon honneur que tout noble cœur estime plus que la vie.

Simplice lui recommanda de bien se calmer, de se détourner pour quelques jours de ses promenades dans cette rue malheureuse qui devait être, hélas ! un jour son tombeau. Et à force de l'en conjurer, il extorqua plutôt de sa bouche qu'il ne tira volontairement cette promesse de son cœur.

Alcime partit content d'avoir désabusé Simplice, mais fâché de n'avoir pu apprendre de quel côté lui était venu cet avis. Il se fût plutôt imaginé toute autre chose que de soupçonner celle qu'il mettait au rang des morts.

Cependant Vannoze, qui ne dormait pas, se préparait à dresser de nouveau ses piéges. Et pendant que la colère et le dépit se rallument peu à peu dans le cœur d'Alcime, elle vient savoir auprès de Simplice quel succès avait eu son faux rapport. Car son principal dessein

avait été; comme une autre Eve, d'attirer les
regards d'Alcime sur un fruit défendu, et de
lui faire regarder plus attentivement qu'autrefois une maison qui lui avait été jusqu'alors
indifférente, afin d'avoir le moyen de lui faire
des signes, comme ceux que font en mer les
vaisseaux qui réclament le secours de ceux
qui passent.

Qui fut bien étonnée, ce fut elle, quand elle
vit par le récit du père Simplice qu'elle avait
elle-même ruiné son propre projet et qu'elle
s'était blessée de ses propres armes. De plus,
quand elle apprit qu'Alcime n'avait aucune
pensée ni considération pour elle, elle déses-
péra presque de jamais se l'attirer. Mais
comme à ceux qui sont immédiatement vain-
cus, c'est une espèce de salut que de ne point
en attendre, elle reprit un nouveau courage
quand elle sut ce qui échappa innocem-
ment à la bonne foi de Simplice, que ce jeune
homme était complétement indifférent à toute
affection. Car jugeant que cette âme se ren-

drait plus facilement aux premières impressions qui lui seraient données, elle commença à projeter de nouveaux desseins pour apprivoiser ce courage non encore dompté et pour prendre au filet cet oiseau sauvage.

Seulement, elle dit à Simplice, que sa bonté de religieux rendait moins subtil à reconnaître les secrets des cœurs et les malices spirituelles des esprits du siècle, lesquels en fait d'affection faisaient gloire de tromper, pensant que le Ciel ne s'inquiétait pas de leurs parjures; qu'elle le priait de se garder de surprise, et puisqu'il avait obtenu la promesse d'Alcime de ne pas passer de longtemps par leur quartier, de faire en sorte que cette promesse fût de longue durée et fortement tenue.

Cependant ayant manifesté sur le visage une vive joie, elle retourna plus morte que vive dans le cachot de sa maison, avec l'âme si plongée dans l'angoisse qu'elle ne savait si elle devait se ranger au nombre des vivants ou en celui des morts. Ses jours n'étaient plus que des nuits, la vue même du soleil lui était désagréable. Devenue chagrine, pensive, mélancolique, elle ne fait que gémir comme le passereau solitaire auprès du toit.

Son bon mari croit alors que c'est l'austérité qui la perd et la contemplation qui la tue. Il fait ce qu'il peut pour la divertir; mais ces ennuyeux divertissements ne font qu'accroître sa douleur.

Peu s'en fallut dans ses pensées criminelles qu'elle n'imitât la femme de Putiphar qui accusa l'innocent Joseph du crime dont elle était elle même coupable. Mais réservant ce moyen furieux pour la dernière extrémité, elle fit difficulté de trahir celui qui ne l'avait jamais offensée et dont elle voulait s'attirer la bienveillance. L'idée qu'elle avait rejetée était celle-ci : de jeter une grosse querelle entre Alcime et son mari; de quelque côté que le sort tombât, elle guérissait sa passion : car Alcime tué, elle n'aurait plus à y penser : que si Capoléon succombait, elle se verrait libre par sa mort et en état de veuvage qui la mettrait en la possession d'elle-même, au lieu de l'esclavage où elle gémissait.

Mais elle dissimula pour lors cette pensée, et faisant tout ensemble la dolente et la dévote, elle enfonçait davantage dans l'esprit de son mari cette créance que c'était la dévotion qui la jetait ainsi dans la mélancolie; et joyeuse d'une allégresse maligne de voir ce vieillard en cette peine, plus il s'affligeait, plus elle faisait la fâchée et ensemble la fâcheuse.

Tandis qu'elle passe ainsi misérablement ses jours, étant comme les chasseurs à guetter leur proie, le démon qui comme un lion rugissant a toujours les yeux ouverts, et rôde sans cesse cherchant qui il dévorera, joue dans l'esprit d'Alcime ses stratagèmes et souffle si bien sur cette petite étincelle de colère qu'il avait contre Capoléon, qu'il en fit en son cœur un grand embrasement. Il lui représente la faiblesse, la vieillesse de celui qu'il tient pour ennemi, lui remontre que c'est une grande lâcheté d'avoir peur d'un homme qui n'est plus qu'un fantôme s'il se le compare; qu'il n'est ni de sa naissance, ni de sa qualité; que pour un gentilhomme de courage, c'est s'abaisser par trop sous le timide conseil d'un moine; que ces esprits des cloîtres ne sont pas susceptibles des entreprises résolues, que comme les roseaux du désert, ils ne résistent aux orages qu'en cédant; que c'était aux cœurs généreux d'imiter les cèdres du Liban qui ne peuvent être abattus que par la foudre; que se faisant bien remarquer, il se moquera de son adversaire, il lui passera sur le ventre, s'il en est attaqué; qu'il n'a se bien tenir en garde pour éviter une surprise, et qu'enfin c'est dans de telles occurrences qu'il doit faire connaître qui il est. Car en fait de gens d'épée c'est le péril qui montre l'homme.

Alcime, flatté de la vanité de ces pensées, fait comme le lion qui excite sa rage en se déhirantles flancs de sa propre queue, et se figurant que son ennemi imaginaire triompherait trop glorieusement et trop facilement de sa retraite, si, sur un simple avertissement d'un religieux, il s'abstenait de lui donner de l'ombrage, le peu de jours qu'il interrompit ses promenades par cette rue lui parurent un siècle, et cet éloignement momentané ne fit qu'aiguiser son désir.

Il retourna donc comme autrefois dans le quartier, mieux paré, plus accompagné, plus fier, et plus superbement monté qu'auparavant, servant d'un nouveau spectacle de pompe et de parade à tout le monde. Ses estafiers étaient tous garnis de bonnes épées et aussi de dagues et de pistolets cachés, résolus à vendre bien chèrement leur vie en défendant celle de leur maître, dont ils ignoraient la querelle et le dessein. Il a même des braves travestis qui l'accompagnent et ce sont des gens qui se vendent et se louent aux uns pour tuer les autres, et cela à prix d'argent.

Quant à lui, il met sous ses vêtements une

cotte de maille, se charge de la meilleure de ses épées, n'omet pas ses armes à feu, ni le casque de fer, résolu en cet équipage :

De venger un affront ou de perdre la vie.

Mais le bon gentilhomme se met en grande peine pour combattre des ombres et poursuivre une chimère conçue dans le cerveau d'une femme et passée par l'alambic d'une simplesse monacale.

Oh! s'il était aussi bien armé quand il sera surpris! Il n'est pas encore temps, Alcime; mais ces moyens de défense, comme les amis du siècle, vous manqueront au besoin.

Quelle joie au cœur de Vannoze, quand inopinément, du haut de sa cachette, elle vit flamboyer cet astre sur l'horizon de sa rue! L'habitant des climats glacés du Nord qui, après une nuit de six mois, voit reparaître les premiers rayons de la lumière du soleil qui le revient visiter n'a pas plus de contentement que celle-ci de repaître ses regards du brillant cavalier. Prenant l'occasion aux cheveux, elle se résoud de montrer son visage caché jusque là sous un rideau de toile et de lui parler un langage des yeux et de la mine, si vulgaire dans cette nation formée aux gestes et à la comédie, qui lui découvrira ce qui se passe dans son âme.

Alcime tournant un regard fier et presque menaçant vers cette maison, dont il parcourut des yeux toute la façade, fut bien étonné de n'apercevoir personne aux fenêtres ; mais comme il regardait attentivement de tous côtés, il aperçut auprès du toit lever une toile ; ce qui lui donna soupçon que de là on voulût tirer sur lui en traître.

Hélas ! le coup ne fut que trop véritable, coup qui tua, non son corps, mais son cœur.

Ainsi David, ce roi si saint et jusqu'alors si plein d'innocence, regardant du haut des tours de son palais, vit tomber par ce regard toute sa sainteté. Alcime ne fut pas plus fort,

et du bas de la rue s'attendant à voir une
arme à feu prête à le coucher sur le carreau,
il vit un visage devant lequel s'évanouirent
ses résolutions les plus vertueuses. Pourquoi
m'amuserais-je à dépeindre toutes ces folies?
Vannoze pouvait prendre, comme César, cette
parole de triomphe : « Je suis venuë, je l'ai
» vu, j'ai vaincu. »

Alcime ne fut pas long à s'apercevoir qu'il
était plus aimé dans cette maison qu'il ne l'a-
vait pensé et que la femme ne songeait en rien
à partager la haine du mari.

Le chevalier se crut obligé par les lois de
la politesse du monde de répondre à Vannoze
dans la même langue des signes qu'elle lui avait
parlé. Ainsi se passa la première entrevue.

A peine le soleil commençait-il le lendemain à s'incliner vers l'Occident et à rendre
les ombres plus longues, quand Alcime, attendu par Vannoze, revint faire ses mêmes
promenades et boire le poison fatal qui devait
lui donner la mort. Alors il vit dans la main

de la prisonnière un billet et un signe pour venir le ramasser sur la nuit, ce qu'il fit avec beaucoup de soin et sans autre compagnie que sa valeur. Voilà le premier fil de la trame d'iniquité que ces deux ouvriers vont ourdir d'une façon toute prodigieuse. Ce billet, écrit avec la plus habile et la plus noire malice, donnait avis à Alcime que c'était elle qui l'avait alarmé par Simplice pour lui donner occasion de rechercher pour elle les moyens de lui parler, afin de lui dire des choses importantes et qu'il lui serait agréable d'entendre : le billet ajoutait que, si, sur cette proposition générale, elle était favorisée d'un billet de réponse, il pourrait, par-dessus la muraille, le jeter dans le jardin, où elle se rendrait soigneuse de le recueillir, et que par là elle serait certaine qu'il serait bien aise d'entendre ce qui ne regarderait que sa gloire et son contentement.

Alcime, désireux de contenter sa curiosité dans cette aventure, lui répondit dans la forme qu'elle avait marquée. Bientôt une passion

malheureuse fait d'affreux ravages dans le
cœur de ce jeune homme jusque là libre dans
son cœur :

Que le progrès est prompt d'une mauvaise flamme !
Las ! que ce feu subtil embrasse tôt une âme !

Plus il trouve d'opposition et de difficultés
dans cette recherche, plus il y trouve d'a-
morce. Et tout ainsi que la défense de Simplice
avait aiguisé son désir de revenir à ses anciennes promenades par la rue de l'hôtel de
Capoléon, de même les obstacles qui le sépa-
raient de cet objet enveloppé comme un soleil
d'hiver de tant de nuages, sont autant d'ai-
guillons qui l'excitent, comme le papillon in-
considéré qui s'approche du flambeau où il
perdra les ailes avec la vie.

Cependant, une difficulté le trouble, c'est
le soupçon qu'il a que les avances inopinées
de cette femme ne soient un appât pour l'attraper et le prendre, et que ce ne soit une invention du jaloux, combinée par une secrète

intelligence avec sa femme, pour le faire tomber dans un piége. Si bien, qu'attiré d'un côté par les prévenances de Vannoze, il est repoussé de l'autre par la défiance. Car il en est de la mauvaise femme comme de ces enchanteurs d'Afrique, qui tuent ceux devant qui ils rient.

Pour cela, il désire avec passion s'éclaircir d'où provenait l'avertissement que Simplice lui avait donné, sachant bien qu'il n'est point de fumée sans feu ni d'effet sans cause. Il va trouver ce bonhomme : il le presse, le prie, le conjure de lui dire de quelle part lui est venu cet avis, protestant de n'en faire aucun sentiment contre la personne qui serait nommée, jugeant bien qu'il venait d'une bouche désireuse de son bien.

Le religieux ne veut rien avouer et cherche des excuses qui ne contentent pas le gentilhomme, lequel proteste de se rétracter de sa parole et de reprendre ses premiers errements (ce qu'il avait fait déjà et beaucoup pire), de

peur d'y laisser son honneur engagé et de se
rendre la fable et la risée de ses ennemis. Simplice demeure ferme; mais, de peur de le ren-
voyer dans le chagrin et la tristesse, il le sup-
lie de lui donner le temps d'en demander la
permission à la personne dont il avait appris
ces nouvelles.

Voilà que l'habile Vannoze vint le jour suivant recommencer ses plaintes et dire à Simplice qu'Alcime s'étant tenu à l'écart pour
quelques jours, suivant son conseil, recom-
mençait ses courses avec plus d'insolence et de
fierté qu'auparavant, mieux paré, mieux accompagné, faisant plus de mines, et que ses
bravades mettraient son mari au désespoir et
le contraindraient d'en venir aux mains et à
quelque action sinistre et tragique. Simplice a
beau lui protester qu'Alcime n'a nul dessein
ni pensée pour elle, que seulement il en est
sur le point d'honneur, ne voulant pas donner
cet avantage à son adversaire de quitter pour
lui un chemin public; que lui Simplice ne

peut rien faire à cela ; que c'est un jeune cavalier fort malaisé à retenir par le bras d'un
moine ; que si Capoléon l'attaque, il lui ren-
dra grande partie de la peur et aura bonne
part au péril ; que la passion de son mari est
pleine d'injustice, pendant qu'Alcime est rempli d'innocence et de candeur dans son procédé ; qu'à cela il ne voit qu'un remède.

— Lequel ? dit la fine Vannoze.

— C'est, dit le père, de le satisfaire dans
l'extrême curiosité qu'il a et qu'il me presse
de satisfaire, de lui découvrir d'où m'est venu
ce faux avis. Je n'ai osé lui dire que ce fût de
vous sans votre permission, ne jugeant pas à
propos de vous mettre sur les bras cette querelle.

— Mon père, répliqua Vannoze, laissez-la-
moi démêler, pour l'amour de Dieu. Puisque
c'est par charité et pour le salut d'une âme,
elle ne peut réussir qu'à bien ; au moins, ne
se terminera-t-elle pas d'une façon si san-
glante, que si mon mari et Alcime en venaient

aux mains, — car notre sexe est exempté des
duels, et les courages les plus barbares ont
quelque respect pour nous, — et je m'assure
que d'une parole je ferais peut-être plus autour de lui, pour ôter de son cœur l'espérance
qui le flatte et l'abuse, que vous ne sauriez
faire avec vos consciencieuses persuasions.
S'il n'y a qu'à lui dire que c'est moi, je vous le
permets ; et même, si vous le jugez à propos,
je lui dirai devant vous qu'il ait à se déporter
de ses façons de faire.

Simplice, dans la simplicité de son cœur,
non-seulement approuva, mais loua grandement ce conseil, étant joyeux de voir que le
scorpion s'écrasât sur la plaie et que Vannoze,
lui faisant perdre toute espérance, lui ôtât
ainsi toute pensée de continuer ses folles pré-
tentions.

> Du même endroit pourrait sortir
> Par quelque mouvement contraire
> La cause de se repentir
> D'où venait celle de mal faire.

Il lui promet donc de la faire trouver avec ce gentilhomme, afin que, convaincu de sa présence, il ne pût chercher des palliatifs et des prétextes pour couvrir son iniquité. Et tant ce bonhomme fut facile, pensant bien faire et croyant que le tout se passât sous le sceau du secret et par le moyen de la patience, qu'il jugea à propos que l'entretien avec Alcime eût lieu au parloir même.

Mais, ô malice exécrable, cette femme criminelle, craignant que sa fourbe ne tournât à sa propre confusion, pria ce bon père qu'elle pût auparavant conférer un moment seule avec Alcime, se promettant de disposer plus facilement son esprit à l'aveu de sa faute que s'il était surpris tout à coup, ce qui le cabrerait et le porterait peut-être, ou à récriminer, ou à nier opiniâtrément.

La bonne opinion que le père avait de la piété de cette femme fit qu'il ne désapprouva pas sa proposition. Si bien qu'il lui donna jour pour cette rencontre, avant laquelle ayant

déclaré à Alcime que l'avis venait de Vannoze
même qui lui soutiendrait en face ce qu'elle
avait avancé :

— Elle ne pourra pas le faire sans rougir,
répondit Alcime, s'il lui reste un sentiment
d'honneur.

LIVRE TROISIÈME.

Le jour venu, Vannoze s'étant entendue avec Alcime par un billet, ils ne manquèrent pas de se rendre chez le père Simplice, lequel, par sa souplesse, pensant débrouiller l'affaire, l'embrouilla plus que jamais; car Vannoze l'ayant fait convenir de la promesse qu'il lui avait faite, de lui laisser disposer l'esprit d'Alcime à l'aveu de sa faute et de ses inconsidérations, ce bon personnage, sortant du parloir comme pour aller en quelque affaire, les laissa seuls libres de s'entretenir.

Vannoze, prête à prendre l'occasion, parla la première :

— Seigneur Alcime, vous trouverez peut-être bien étrange que je me sois servie de tant d'artifices pour vous aborder, mais la nécessité m'en a ouvert les moyens. Sachez donc

10

que c'est moi, sans plus, qui ai donné ce faux
avis à ce bon père, de la jalousie imaginaire
de mon mari pour vous. Et je dis imaginaire
pour vous : car sa jalousie étant notoire à
toute la ville et si réelle, j'aurais tort de l'appeler imaginaire. Elle est si universelle, que,
sans s'arrêter à vous ni à aucun autre, il a de
la jalousie pour tout le monde. Il faut être
étranger dans cette ville pour ignorer le mauvais traitement que j'en reçois. Ma longue et
étroite prison, sans aucun sujet, est déplorée
de tout le monde. Il est naturel au plus petit
oiseau de chercher dans sa cage quelque
moyen de sortir d'esclavage. J'y suis résolue,
ou bien à mourir. Je sais que je n'ai point de
mérite capable de vous donner de la bienveillance, mais j'ai bien de la misère de reste
pour vous donner beaucoup de pitié ; de sorte
qu'à défaut d'autre sentiment, je m'assure
que la compassion fera quelque effet. Car
celle-ci donne une énergie si puissante aux
plus grands courages, qu'ils font gloire de s'y

laisser vaincre pour secourir les opprimés.
Que deviendraient les infortunés sans le secours des gens de bien, et des chevaliers de
votre qualité et de votre mérite? J'ai donc jeté
les yeux sur vous, comme sur un gentilhomme
tout plein d'honneur, afin de me jeter à vos
pieds, et de recourir à votre pitié, au cas que
votre aide me soit favorable, afin de trouver
un terme à mes déplorables malheurs, avant
de tenter le dernier remède qui est la mort,

Laquelle donne enfin la résolution
Qu'aux plus irrésolus le désespoir apporte.

Et qui ne peut manquer à quiconque se veut
affranchir des insupportables misères d'une
ennuyeuse vie.

Je n'ai pas ici le temps ni le loisir de vous
expliquer les rigueurs que Capoléon exerce
contre mon innocence ; et comme sa cruauté
triomphe insolemment de ma faiblesse. Ce
m'est assez de vous dire que j'implore votre
secours pour me tirer, de la manière que vous

jugerez la plus convenable, de la misère où
je suis. Et c'est pour vous demander cet important service que j'ai inventé ce stratagème,
et que j'ai mis dans l'âme de Simplice, homme
vraiment moine en simplicité, une peur de
Capoléon qui ne peut entrer en votre courage,
car je vous assure que mon mari ne pense
pas seulement à vous ; ou s'il y pense et s'il
en parle, c'est plutôt avec estime et avec
louange qu'autrement. Et même j'entends
quelquefois qu'il prend un singulier plaisir
de vous voir à cheval. Mais il ne sait pas
combien je partage ce plaisir, car le lieu par
où je vous aperçois est une cachette qui n'est
connue que de moi seule, et où je vais par un
chemin secret, pour donner ce contentement
à mes yeux de voir, dans cette noble et gen-
tille action, le chevalier le plus accompli de
la terre. J'ai, ensuite de cette première impression, fait croire au père Simplice que vous
aviez de la passion pour moi, bien que je me
connaisse bien dépourvue de tout ce qui

pourrait m'acquérir votre attachement, et que
cependant vous m'en donniez de la rue des
témoignages évidents, ce n'était, toutefois,
que pour lui colorer plus spécieusement la
feinte jalousie de mon mari. Au fond, tout ce
stratagème ne tendait qu'à ce seul point du
bonheur que je possède maintenant, hélas !
pour de bien courts instants ! de pouvoir vous
représenter un échantillon de mes misères,
ce qui m'apporte un tel soulagement, que je
ne pense pas avoir éprouvé un tel contentement dans tout le courant de mes jours ; car,
pour dire la vérité, rien n'oppresse tant un
cœur que de ne savoir où se décharger de
sa détresse, et la plus misérable de toutes les
douleurs, c'est celle qui n'a point de voix pour
se plaindre. C'est à vous maintenant, Alcime,
par cette courtoisie si naturelle à ceux de
votre rang et de votre sang, d'aviser au secours qu'il vous plaira de donner à ma peine.
Tout ce qui me viendra de votre main me
sera gracieux, puisqu'étant résolue de sortir

à tout prix de l'état cruel où je me trouve, je suis prête à remettre entre vos mains mon honneur, ma fortune et ma vie.

Vannoze ne pouvait pas découvrir avec plus d'effronterie ce qu'elle était. Elle joignit à ses propos des contenances et des larmes capables d'attendrir le cœur le plus dur. Alcime en fut si vivement touché qu'il jugea bien qu'elle parlait sincèrement, et bannissant de son esprit tout soupçon de trahison et toute crainte du côté de Capoléon, il lui fut impossible de voir la position de Vannoze sans en être attendri. Se laissant aussi facilement prendre qu'un Samson, il témoigna l'état de son âme par des paroles qui montraient qu'il avait plus étudié dans l'école du bien dire que Vannoze, lui offrant, pour marque de son affection, tout le service qu'elle exigerait de lui, se sentant disposé de tirer un si riche trésor de la misère où elle était, misère qui donnait de la compassion aux plus insensibles de la ville.

C'était donner dans les filets tendus par
cette dangereuse chasseresse; car son intention était, si elle n'avait pu rien inspirer au
cœur d'Alcime, de l'entraîner, par pitié, à
l'arracher de la maison de Capoléon, espérant
se l'attirer plus tard, ou bien si elle ne pouvait le rendre son captif, toujours serait-ce
un affront pour Capoléon, affront irréparable
dans ce pays-là, si ce n'est par le sang et la
perte de la vie. De sorte qu'elle pensait en
même temps sauver son honneur, sa vie, sa
liberté, ou jouir de ses criminelles espérances,
ou du moins briser les entraves de son mariage. Elle espérait mettre son honneur à
l'abri, en faisant croire que c'était par la passion d'Alcime dont elle s'était plainte à Simplice, qu'elle avait été délivrée de sa prison,
quoique en réalité cette délivrance eût été
suggérée et sollicitée par elle, ou si Capoléon
succombait dans cette querelle, elle se trou-
verait veuve et maîtresse de sa main; qu'enfin
au pis aller elle serait remise entre les mains

de ses parents, Capoléon ne la pouvant plus
reprendre après un tel éclat, ce qui la mettrait en toute façon hors de servitude. Mais
quand elle entendit le langage si affectueux
d'Alcime, qui avait montré tant d'ingénuité
dans ses paroles et sur son visage, se voyant
victorieuse, elle pensa qu'elle ne devait pas
dès le commencement aller aux extrémités,
et que sans sonner la trompette et faire la
guerre à camp ouvert, ce qui ferait plus de
bruit qu'elle ne pourrait en tirer d'avantage,
elle devait agir à la sourdine et mettre les
ruses et les subtilités, naturelles aux passions
criminelles, en la place de la force.

Vannoze pensa que ce serait un bon moyen
pour entretenir l'intelligence qu'elle avait
avec Alcime, de tromper la bonne foi de Simplice, faisant servir les apparences de la piété
pour donner une couleur à son impiété exécrable. Ce qu'elle projeta fut aussitôt approuvé
par l'infortuné Alcime, qui va se prendre à la
glu et aux filets tendus pour le surprendre.

O Dieu ! que d'actions scélérates le vont faire descendre dans l'abîme ! Quiconque a dit que rien n'est impossible à celui qui veut et qui aime, soit en bien soit en mal, a bien connu la force de cette passion, reine de toutes les autres ; mais celui qui la peignit aveugle rencontra bien aussi heureusement, car elle précipite aveuglément ceux qui s'y laissent conduire en des crimes énormes, et qu'ils ne commettraient jamais s'ils se donnaient le loisir de les considérer. C'est une navigation qui fait que l'on cingle entre mille écueils parmi des orages et des tempêtes. Et comme l'ardeur de la chasse emporte tellement ceux qui y sont adonnés, qu'ils s'aventurent dans des lieux raboteux et presque inaccessibles, dont la vue ferait frémir si on les regardait de sang-froid ; de même la passion gagne tellement le cœur de ceux qui en sont possédés qu'elle leur fait tout oser, qu'elle leur fait braver les lois divines et humaines, et profaner ce qu'il y a de plus saint au ciel et sur la terre.

Alcime consentit donc à cette lâcheté, comme un autre Adam pour complaire à cette Eve. Il conspira avec cette rusée à tromper la simplicité de ce bon père, et au lieu de le rendre médiateur de leur réconciliation avec Dieu et de prendre la loi sainte de sa bouche, ils le firent, sans qu'il y pensât, entremetteur de leurs plus damnables pensées. O stratagème plus que diabolique! Vannoze lui conseilla d'avouer à ce bon père, qu'en effet, il avait depuis longtemps une vive affection pour elle, mais qu'il espérai' avec le temps se défaire de cette affection par ses bons conseils et avis salutaires, se déclarant convaincu par la présence de Vannoze et rappelé par ses raisons au repentir. Là-dessus ils prirent diverses intelligences secrètes pour se faire entendre par le rapport de ce bon père, devenu l'instrument de leurs coupables

entretiens. Et comme il n'y a rien de si sacré
qui ne rencontre son sacrilége, voilà comment ils firent servir le zèle pieux de ce bon
père à leur endurcissement, et changèrent en
mal le remède même qui sert à déraciner les
vices.

Simplice revenu de l'absence qu'il avait
faite pour donner à Vannoze le temps de
convertir Alcime, rentra dans le parloir où
certes il trouva Alcime bien métamorphosé,
mais non pas d'un changement qui vînt de la
main de Dieu.

O combien était-il autre que cet Hector
Qui revint en triomphe et vainqueur de Patrocle!

Voici le langage qu'il tint à Simplice.

— Mon père, je vous demande et à Dieu
pardon de ce que jusques à présent je vous ai
trompé; mais je l'étais moi-même par un attachement dont je n'avais pu combattre la
violence; si bien que, dans cet abattement,
je pensais être plus digne d'excuse que d'ac-

cusation et de pardon que de reproche ; mais maintenant que vous m'avez éclairé, il faut que je rende les armes à la vérité. Vous avez si bien fait que vous m'avez convaincu. Mais je vous prie de considérer que les affections ne se dépouillent pas aussi vite qu'elles entrent dans l'âme. J'espère néanmoins, avec la grâce de Dieu et l'assistance de vos bonnes prières et de votre conduite paternelle, que j'arracherai de mon cœur cette affection coupable. Quand il plaira à Dieu de briser ces entraves d'impiété, je lui rendrai une action de grâce pour la rupture de ces funestes liens. Tout ce que je puis faire maintenant est de protester que je vais m'efforcer d'effacer de ma mémoire tout ce qui m'avait séduit. Je bénis Dieu de m'avoir fait tomber dans des mains aussi charitables que les vôtres, mon père, car j'espère, par votre aide, me relever de cette chute.

Jugez à ce langage s'il n'est pas vrai que les enfants de ténèbres sont plus avisés dans le mal que ne le sont dans le bien ceux de lumières et qu'ils ne sont que trop prudents et trop habiles pour venir à bout de leurs mauvais desseins. Qui n'eût pas été dupe d'une telle hypocrisie, non pas seulement le bon père qui a tant de simplicité, mais de plus soupçonneux que lui ?

— Mon fils, répondit Simplice, vous venez un peu tard à résipiscence, mais toujours assez tôt si c'est assez bien. Je vous avais bien dit qu'il n'y avait point de feu sans fumée et qu'enfin tout se découvrirait. Encore Dieu soit loué d'avoir fait fondre la glace de votre obstination au soleil de la vérité et de ce que la reconnaissance de votre faute passée nous promet de l'amendement pour l'avenir! Ce qui me réjouit le plus est de vous voir bien espérer en la miséricorde de Dieu qui est un abîme sans fond et sans rivage.

Puis se tournant du côté de Vannoze qui écoutait tout avec attention et avec la joie que vous pouvez penser de voir si heureusement réussir sa ruse :

— Vous voyez, madame, lui dit-il, notre
criminel convaincu par son propre aveu : que
reste-t-il, sinon de le condamner à l'amendement ? car Dieu ne veut pas la mort du pécheur, mais sa conversion et sa vie. L'écriture
sainte nous apprend que le vin, la femme et
la vérité sont les trois plus puissantes choses
qui soient au monde. Ici nous voyons le vin
de la charité qui terrasse une passion profane.
C'est vous, madame, qui êtes une femme
forte, telle que Salomon la demande, dont le
prix se doit rechercher des extrémités de la
terre, qui par votre fermeté ramenez à la raison cette âme égarée. Mais plus que tout est
forte la vérité, car vous voyez qu'Alcime s'est
rendu à elle du moment que son rayon l'a
éclairé.

A cela Vannoze, qui ne manquait pas d'esprit si elle eût voulu l'appliquer au bien, répondit à l'apostolique :

— Ce n'est pas moi, mon père, mais l'esprit de Dieu en moi. Dieu se sert des choses

les plus faibles pour abattre les fortes, d'une
verge pour dompter l'orgueil de l'Egypte et
du bras d'une femme pour trancher la tête du
capitaine des Assyriens.

Simplice touché de cette modestie se retourna vers Alcime et le conjura de terminer
enfin sa conversion par une résolution sérieuse
et efficace et un amendement salutaire. Il le
presse par les raisons les plus fortes et les
mouvements de son cœur paternel les plus en-
traînants. Vannoze craignant que cette apo-
strophe du zèle brûlant de Simplice ne pro-
duisît son effet et ne lui enlevât l'attachement
coupable d'Alcime, s'adressa au bon père :

— Il ne faut pas presser si fort ce cœur,
autrement vous l'oppresserez. Le zéphir qui
fait éclore les fleurs est doux et suave, et la
bise les tue et les brûle, et les perd par son
impétuosité. La première condescendance que
j'ai rencontrée m'en fait espérer une seconde.
Mais il faut pour cela que le temps aide à la
raison. Sans doute vos maximes sont bonnes

et fortes, mais elles ne produiraient pas leur
effet si la disposition requise pour qu'elles
soient fructueuses n'est pas dans le cœur de
celui qui les entend. L'heure n'est peut-être
pas venue pour Alcime où, comme un bel
arbre planté sur les courants de la grâce, il
donnera des fruits dans sa saison.

> Maintenant il voit bien qu'il a fort offensé
> Par les folles erreurs du temps qui s'est passé;
> A présent il ne veut qu'un tout petit espace
> Pour faire que son feu se change en une glace.

Il me semble, sauf votre meilleur avis, qu'il
est bon, comme à un mauvais payeur, de lui
donner un peu de répit, afin que, si la légèreté
le portait à revenir à son égarement, il ne
puisse s'excuser d'avoir eu trop peu de temps
pour prendre de sérieuses résolutions et pour
arracher par la raison une passion qui a assez
longtemps séjourné dans son âme.

Simplice facile comme un bon moine qui
pense que, comme lui, tout le monde procède

en ses actions avec charité et sincérité, donne
les mains à ce conseil de femme, estimant
que quelquefois il le faut suivre, d'autres fois
non, et qu'Adam fit aussi mal de se laisser
aller aux persuasions de la sienne que Pilate de
ne pas croire l'avis que la sienne lui donnait.

Je ne veux pas m'amuser à dépeindre le succès, le progrès, la suite et les artifices de cette
intrigue criminelle, ni faire voir de quelle façon ces âmes malicieuses abusaient de la simplicité de ce bon religieux pour maintenir
leur intelligence. Tantôt Alcime venait lui
dire qu'il ne pouvait se défaire de cette passion, ou bien qu'il ne pouvait l'extirper tout
à coup; tantôt Vannoze lui continuait ses
plaintes aussi feintes que ses frayeurs, si bien
que ce bon personnage était comme leur jouet,
et sur leurs propositions concertées et mo-
queuses, entrait dans des appréhensions si
vraies de la perte de l'âme et du corps d'Alcime qu'il en perdit le repos et en était acca-
blé d'ennui.

Il serait trop long de raconter les subtilités
exécrables qu'inventaient ces deux tisons
d'enfer pour s'entretenir l'un avec l'autre, au
moyen de ce père, bien innocent de leur malice, duquel on pourrait dire, comme David
du patriarche Joseph emmené en Egypte, qu'il
entendait une langue dont il n'avait aucune
connaissance. Ce n'est pas la faute d'une épée
si l'on s'en sert pour un assassinat. Est-ce la
faute des choses saintes si l'on fait un abus
sacrilége ? qui ne sait que les estomacs gâtés
tournent en corruption les meilleures viandes ?
Il n'y eut pas de subterfuge auxquels ils
n'eurent recours pour s'entretenir en présence
d'un tiers, abusant sans qu'il pût rien soupçonner de la trop naïve bonté de ce religieux
personnage.

Mais comme les odieuses tromperies que
les enfants d'Héli pratiquaient dans le temple
aux choses sacrées furent sévèrement punies
de la justice divine, de même ces malheureux
devaient s'attendre à une terrible vengeance

de leur sacrilége, puisque, non contents de violer un sacrement qui est appelé grand et honorable par les projets coupables qu'ils ne tarderont pas d'exécuter, ils profanent encore les sages moyens qui devaient être l'instrument de leur repentance et les font servir à leur condamnation.

Je suis ici fort combattu, je dois laisser prendre l'essor à ma plume sur les divers stratagèmes pratiqués par ces enfants de ténèbres pour faire le mal. Je crains qu'on me reproche de mettre en évidence des actions qui devraient être ensevelies dans le silence et que j'apprenne aux âmes plus innocentes des subtilités que leur propre invention ne leur fournirait pas, ce qui est autant éloigné de mon intention que le nord du midi ; d'un autre côté, je suis convaincu que c'est ôter au mal le danger, que de le mettre en évidence et de montrer à quels affreux malheurs conduisent les passions auxquelles on s'abandonne sans en soupçonner souvent les con-

séquences fatales. Je ferai donc connaître les
embûches de Satan afin qu'on les évite. Et
pareil à l'abeille qui voltigeant sur les herbes
d'un paysage ne s'arrête que légèrement sur
les venimeuses, insistant davantage sur les salutaires pour en composer la douceur de son
miel, en imitant sa conduite, nous indiquerons
rapidement les mauvais pas qui entraînèrent
Alcime au précipice de sa ruine, pour nous
arrêter plus sur son châtiment et sa repentance que sur son péché.

Si est-ce que comme la connaissance du
mal doit nécessairement et naturellement
précéder le remède, aussi suis-je contraint de
mettre au jour les moyens par lesquels ces
âmes se rendirent coupables, avant que de
venir à leur châtiment.

Alcime ne s'arrêtant plus dans ses projets
criminels trouva le moyen, soit par l'entremise de quelqu'un des siens, ou plutôt par la
douce force de l'or plus pénétrante que celle
de la foudre, de se donner accès dans la mai-

son voisine de celle de Capoléon, d'où, par
après, au moyen des toits, il se facilita l'entrée
dans le cabinet où se retirait Vannoze sous
prétexte de dévotion. Mais le maître de cette
maison ayant découvert cette supercherie pra-
tiquée à l'aide d'un domestique gagné par
Alcime à prix d'argent, chassa le serviteur
infidèle.

Alcime fut réduit, au milieu des ténèbres
les plus profondes de la nuit, de se servir d'un
moyen fréquemment pratiqué en Italie pour
escalader un mur qui menait dans la maison
de Capoléon, de se servir d'une échelle de
cordes.

Mais les âmes corrompues ont beau chercher les ténèbres, la nuit a ses yeux :

> Et les claires étoiles
> Percent ses sombres voiles,

Sans parler de ce grand œil de la Divinité,
devant qui rien ne peut être caché; il n'y a
pas de fautes ni même de pensées qui ne

soient connues de Dieu dont la vûe, selon le langage des Grecs, traverse les murailles des cieux. Aussi le divin prophète a-t-il dit ces saintes paroles qui viennent si justement à notre sujet :

> Quand j'ai dit : Pour le moins, les ténèbres du soir
> Cacheront mes plaisirs, fausse est mon espérance :
> Car la nuit à l'instant prend des yeux pour me voir.
> Les ténèbres, Seigneur, sont jour en ta présence,
> Et le jour se fait nuit, s'il plaît à ton pouvoir.

De même qu'autrefois Dieu, pour sauver Israël, fit une nuée de ténèbres palpables au milieu du jour; de même pour découvrir les malices des pervers qui outragent sa justice et abusent de sa miséricorde, il fait un jour au milieu de la nuit, révélant à la lumière les œuvres pratiquées dans les ténèbres.

Ceci arriva d'une façon aussi étrange que l'on puisse imaginer, Dieu se servant du propre glaive de Goliath et d'Holoferne pour leur trancher la tête.

Les serviteurs d'Alcime qui le voyaient si

souvent sortir la nuit de la maison en l'équipage d'un homme qui n'allait pas pour bien faire, étant seul et sans suite, parce qu'il ne voulait point de témoins de son crime, étaient en continuelles appréhensions que quelque malheur ne lui arrivât, ce qui n'est que trop ordinaire dans de pareilles occurrences.

Il leur défendait étroitement de l'accompagner sous peine de son indignation et de sortir de son service. De sorte qu'ils étaient contraints de le laisser courir seul. Mais ses parents à la fin en étant avertis, et cet enfant leur étant infiniment précieux, ils le firent si bien surveiller par un de leurs domestiques les plus fidèles, qu'à la fin le rusé découvrit les menées d'Alcime et le surprit descendant la nuit par son échelle de cordes. Encore valait-il mieux qu'il fût découvert par ceux qui désiraient le salut de son âme que par d'autres qui eussent eu sur lui le droit d'une juste punition. Mais il fallut que l'infortuné fût châtié plus rudement que par les douces remontrances paternelles; ce qui arriva de cette manière.

Le domestique du père d'Alcime n'ayant pas sur les lèvres le sceau du silence que mit Alexandre sur celles d'Héphestion, et ayant averti quelques-uns des serviteurs d'Alcime qu'ils prissent garde à leur maître, et que, nonobstant ses défenses, ils le devaient suivre de loin, de peur qu'il ne lui arrivât quelque désastre faute de secours; eux qui ne désiraient que la conservation de celui dont ils mangeaient le pain, s'accordèrent bientôt à cette proposition. Mais il fallut d'abord que leurs yeux les rendissent certains du rapport qui leur était fait. De quoi ne doutant plus, comme témoins oculaires, il arriva qu'un soir l'ayant suivi de loin sans qu'il s'en aperçût, ils se mirent à rôder par la rue comme en sentinelle, tandis qu'Alcime avait pénétré chez Capoléon, ayant laissé son échelle, faite de cordons de soie, toute pendante en attendant son retour.

Or, il arriva qu'une escouade de sbires, qui sont les sergents de cette contrée-là, qui venaient de la recherche de quelques voleurs, rencontrant ces gens par la rue, se voulurent enquérir de ce qu'ils faisaient si tard hors de la maison, leur demandèrent leur nom, leur qualité, leur demeure, et se voulurent en même temps saisir de quelques-uns qui, dans leur réponse, se moquaient de l'interrogatoire. Là-dessus il y eut des épées tirées, des coups donnés. Les arquebuses, arme ordinaire des sbires, commencèrent à jouer; un grand cri s'élève; l'alarme se donne chaude par le quartier; on crie au larron, au feu, à l'aide; tout est en rumeur. On sort des maisons avec main-forte et plusieurs lumières qui font jour dans la nuit. Les valets de la maison de Capoléon sortent comme les autres. Capoléon même saute dehors. Ce gentilhomme était le principal du quartier. On s'amassa autour de lui, et même devant un mur de sa maison d'où pendait une échelle de cordes dressée

pour l'escalade. Tandis que la confusion des
cris des battus et des blessés fait que chacun
parle et que personne n'entend le tintamarre,
on arrive jusqu'au haut de la maison. Alcime
entend le bruit, regarde par la fenêtre : il
voit toute la rue pleine de gens et qui étaient
au pied de son escalier de soie. Les uns tenaient les armes qu'il avait laissées en bas,
les autres se préparaient à aller faire leur recherche dans la maison de Capoléon ; tel se
plaignait de sa blessure, tel serrait son prisonnier. C'était un complet désordre.

Alcime qui n'avait pour toute défense qu'un
pistolet et une dague, se résout de descendre
par l'escalier de la maison et de percer déter-
minément toute la foule ; ce qu'il fait. Et rencontrant dans la cour un valet qui commence
à crier au voleur ; lui, le chapeau enfoncé
pour ne se donner à connaître, lui fait siffler
le pistolet si près du visage que l'autre, es-
quivant le coup avec le bras, se sentit percé
et eut les yeux tout éblouis de poudre et de

fumée, ce qui lui fit voir, dans sa frayeur,
plus de larrons que d'étincelles. Le bruit de
ce coup étonne un chacun. Il va droit à la
porte et au premier qu'il rencontre il donne
une si rude atteinte de poignard qu'il le mit
en état de se défendre plutôt que de l'attaquer
dans la rue ; il pousse l'un, frappe l'autre, et
criant : A moi, compagnons, à moi ! Il fit
croire à tous les sergents et aux personnes ra-
massées devant la maison de Capoléon, qu'il y
aurait une rude mêlée, si bien que la terreur
les mettant tous en fuite, il se sauva pêle-
mêle entre les fuyards, en cela plus heureux
qu'il n'était sage ; et le tout sans être connu.

Vannoze ne sachant rien de tout ceci, et
n'entendant que coups et que cris, se croit
déjà en mille pièces et n'attend que l'heure de
son supplice. Elle sait que dans des fautes pareilles à la sienne c'est en vain que, dans ce
pays-là, on demanderait pardon. Ces offenses-
là sont du rang des crimes de lèse-majesté
qui ne se lavent que dans le sang des cou-

pables. Et comme il est naturel à l'homme,
quand il désespère de la vie, de tâcher de la
prolonger autant qu'il peut, elle descendit à
la cave pour se cacher, comme si elle fût des-
cendue en enfer toute vivante, ou comme une
vestale criminelle mise dans la fosse tout en
vie. Mais il lui arriva comme au voyageur
qui, cheminant par la campagne durant un
grand orage, voit de toutes parts le ciel en
feu par les éclairs, l'air résonnant à l'éclat des
tonnerres, la terre lavée de pluie et ravagée
de grêle, alors tout tremblant d'effroi, il se
tapit à l'abri sous quelque grand arbre ou
dans le creu de quelque grotte. Que si un
coup de foudre vient à balayer la terre sous
ses pieds, représentez-vous sa frayeur en cet
instant-là qu'il tient pour le dernier de sa vie.
Telle fut l'épouvante de Vannoze. Trop heureuse si, faisant son profit de ces verges paternelles dont Dieu la châtiait, cette prévari-
catrice fût revenue à elle-même, et si, par la
crainte des jugements d'en haut, elle se fût

soumise à sa justice. Mais Dieu a beau faire
des prodiges par la verge de Moïse, Pharaon
ne change pas pour cela. Il y a des âmes si dé-
pravées qu'elles deviennent pires par la bonté
même qui les supporte et les laisse vivre.

Vannoze étant sortie de sa cachette reçut
un accueil gracieux de son mari, ce bon
homme pensant l'avoir échappé belle et être
délivré des mains ravissantes des voleurs qui
avaient, disait-il, déjà planté leur échelle
pour voler sa maison. Ainsi arrive-t-il souvent qu'après une grande tempête et un orage
furieux, il ne reste de la tourmente qu'un
peu d'écume que l'agitation des flots jette au
rivage de la mer, et sur la terre un peu de
pluie et de boue, après le bruit des foudres et
des tourbillons des vents. O Dieu ! où est cette
vérité qui vous déclare bon pour les bons, et
sévère pour les méchants ? Tout beau, mon
âme,

Ne regarde avec jalousie
Des méchants la prospérité ;

Et ne troubles ta fantaisie
Pour ceux qui font l'iniquité.
Comme foin leur fleur languissante,
Aussitôt se verra faucher ;
Ou comme l'herbe verdissante
Qu'on voit si prompte à se sécher.
Attends ; tu verras en peu d'heure
Du méchant la chute arriver ;
Si tu cherche où fut sa demeure,
Le lieu ne s'en pourra trouver.

Quel étonnement saisit cette femme qui se
voit sortir des abîmes plus morte que vive et
couronner de bénédictions au lieu de vengeance. Cependant comme la mauvaise conscience n'a jamais de sûreté, elle craint toujours, et quelquefois il lui semble qu'on déguise
vis-à-vis d'elle, et qu'on va bientôt la mener
au sacrifice, comme les victimes anciennes,
au milieu de la musique et des fleurs. Enfin,
peu après, elle se rassure, sachant, par le récit
de l'événement que chacun rapporte à sa fantaisie, qu'Alcime, s'étant sauvé sans être re-
connu, avait été pris seul pour une troupe de
voleurs. Ce serviteur blessé, comme les autres

qui fuyaient, le tout joint aux ombres de la
nuit et à la peur qui a la propriété de faire
voir ce qui n'est pas et de multiplier à l'infini
les apparences des objets, tout cela fit que le
mensonge passa pour la vérité.

Capoléon visita sa maison de toutes parts;
mais les voleurs étant partis, il trouva la cage
vide. Néanmoins il aperçut la trace du grenier,
et de là suivant le chemin qui conduisait à
l'ermitage de la bonne femme, il comprit qu'il
ne devait pas s'étonner des bruits qu'il avait
souvent entendus et qu'il avait pris pour ceux
des esprits ou des fantômes. Le grenier fut
clos et barricadé, et le chemin de la galerie,
coupé et barricadé en différents lieux, rendu
dorénavant inaccessible.

Un des valets d'Alcime, qui avait été pris
par les sbires, fut par eux mené en prison. Là,
devant le juge qui fit son interrogatoire, il n'en
dit que trop, faisant, par la découverte du
crime de son maître, paraître son innocence.
Les magistrats, qui sont les lois vivantes et les

interprètes des lois mortes, leur sont en cela
semblables, que souvent ils n'arrêtent comme
les araignées que les petits moucherons, sans
toucher aux bourdonnantes et piquantes guê-
pes, de sorte que l'on peut dire de plusieurs
d'entr'eux

> Qu'ils laissent les corbeaux
> Pour battre les colombes.

Ce juge-là songea à imposer silence à cet innocent criminel qui en disait plus qu'il n'en était
de besoin. Pouvant par plusieurs autres témoins que ce prisonnier lui nommait, éventer
cet adultère et en poursuivre la punition selon
les lois, il craignit de faire du bruit. Il savait
la puissance de l'illustre famille d'Alcime ; il
craignait de plus que, si Capoléon venait à
connaître ce secret, il ne remuât ciel et terre
pour en avoir la vengeance, que ce ne serait
que meurtres et que sang. Certes, ce n'est pas
sans raison que le plus sage des hommes dit
que l'homme de peu de courage ne doit pas

entreprendre l'office de juge, de peur que, redoutant la face des puissants et la force des grands, il ne fasse du scandale et de l'injustice par sa timidité.

Celui-ci, de peur de se faire des ennemis, et même, étant l'ami commun des parties offensantes et offensées, avertit sous main Alcime qu'il eût à retirer son valet de prison par la porte spécieuse, qui est la dorée, et qu'il lui scellât les lèvres avec un cachet d'or, de peur qu'il n'éventât l'affaire.

Ce jeune chevalier, inexpérimenté aux choses du monde, méprisa cet avis et pensant s'être échappé du naufrage sans être vu, désavoua tout ce que son domestique avait avancé. Il ne se contenta pas de la simple négation, il en vint à menacer ce domestique de le mettre en plus de pièces que ne fut mis Orphée quand il fut déchiré par les Bacchantes, de le faire punir comme calomniateur et, enfin, de le faire honteusement mourir par les mains de la justice.

Cetter ésistance maladroite d'Alcime fit que le valet persista dans ses dépositions, prenant tous ses compagnons pour témoins et désirant, par cette vérité, sauver son honneur et sa vie. Le juge, ami de la maison d'Alcime, comme de sa personne, en avertit ses parents qui étaient déjà, par leur domestique affidé, instruits de toute l'affaire et de la façon dont elle s'était passée. Ce qui fut cause que, pour éviter le scandale et que ce qui était encore secret ne devînt public, ils prirent à part leur fils, et, après de graves et sérieuses remontrances, bien qu'il niât tout et avec d'horribles protestations, comme si les adultères et les sacriléges se purgeaient par serment, ils lui firent connaître par là même qu'ils savaient de ses affaires plus qu'il n'eût voulu et plus qu'il ne pensait. Ce qui, au lieu de l'amender, le rendit plus farouche et plus intraitable, d'autant que la colère, suffoquant sa raison, le mit en fougue contre ses gens dont le soin et la fidélité lui parurent être non-seulement une déloyale

désobéissance, mais un outrage irrémissible ;
tant il est vrai que, comme les bons changent
tout en bien et font profit de leurs dommages,
les mauvais tournent le bien en mal, prenant
les services pour affronts et l'amitié qu'on
leur témoigne pour une passion plus impor-
tune que digne de reconnaissance ; si bien
qu'au lieu d'apporter à cette plaie un remède
doux pour la calmer, il ne menaçait de rien
moins que de chasser, estropier, tuer et mettre
tout à feu et à sang, tant il était transporté de
courroux contre des personnes qui n'avaient
d'autre crime que de lui avoir été trop fidèles.
Et, arrivant au comble de la folie, il se résolut, au lieu de revenir à soi, de se rendre partie contre le prisonnier, et de le faire condamner à mort par les officiers de la justice, avec
des artifices pleins de scélératesse, afin de
couvrir sa faute par la perte de la vie de cet
innocent ; à peu près comme David qui, par le
trépas d'Urie, voulait cacher son crime.

LIVRE QUATRIÈME.

Cet extrême degré de malice fut la crise de son malheur.

> Depuis cette heure-là sa faute découverte
> Le mena lentement au chemin de sa perte.

Et voici comment il est plus aisé de corrompre les juges du côté de la clémence que de celui de la rigueur, parce que, selon le mot des légistes, la souveraine sévérité du droit est une suprême injure, semblable à ces remèdes de fer et de feu qu'emploient les chirurgiens pour retrancher les membres et éviter les gangrènes, remèdes qui sont plus douloureux que le mal qu'ils veulent guérir. S'il eût été question de délivrer ce prisonnier et de taire ses dépositions pour mettre, par le moyen du si-

lence, l'honneur et la vie des principaux criminels à l'abri, certes, le juge se fût peut-être
laissé aller à cette humanité. Les officiers de
justice se laissent plus facilement vaincre par
la pitié que par aucune autre voie ; mais, pour
commettre une injustice suivie de cruauté, il
faut être démon et non pas homme.

C'est ce qui fit qu'Alcime, quelques artifices
dont il se servît, soit par prières, par offres,
ou par menaces, pour venir à bout de son
pernicieux dessein, n'y put réussir et se brisa
au même écueil où il voulait faire périr l'innocent. C'est ce que dit le Psalmiste :

> Le méchant à part délibère
> S'il pourra le juste abaisser :
> Il grince des dents de colère
> Et ne songe qu'à l'offenser.
> Mais quelque dessein qu'il projette,
> Dieu se rit de sa vanité,
> Car d'un bras fort il le rejette
> Au jour de sa calamité.
> Et Dieu fera que l'innocence
> Resplendisse en vive clarté,
> Comme la plus claire présence
> Du soleil au midi monté.

Il n'y a rien qui accuse si évidemment que
les excuses trop tendres et trop ardemment
avancées, de même que ceux qui jurent ob-
tiennent tout le contraire de ce qu'ils préten-
dent par leurs serments blasphématoires. Les
juges ne peuvent pas seuls instruire les procès. Ils ont des greffiers, des clercs, des pro-
cureurs, des avocats, et les parties mêmes qui
comme les oiseaux se manifestent par leur ramage.

Capoléon de son côté pressait la justice de
lui faire raison de ce voleur qu'il pensait devoir révéler ceux qui avaient, à son avis, voulu
piller sa maison.

Mais en cherchant trop âprement ce qu'il
ne devait pas, il découvrit ce à quoi il pensait
le moins. Dieu ! que devint-il, lorsqu'il eut vent
des dépositions du prisonnier ? Une jeune fille
qui, cueillant des fleurs dans une prairie pour
en façonner un bouquet, voit sortir inopinément un aspic de dessous l'herbe, n'est pas plus
éperdue que ce malheureux n'est surpris à ces

mauvaises nouvelles qui, comme c'est l'ordinaire, bien qu'éloignées de l'apparence, ne se trouvent que trop véritables. Mais comme l'âge lui avait donné de la prudence, il dissimula en homme de sa nation son ressentiment, faisant semblant à celui qui lui en faisait le rapport, que cela était trop invraisemblable pour que jamais il y donnât créance.

Mais selon la conduite de la noblesse qui tient à honte les procédures de la justice, se la voulant rendre à elle-même par de fameuses vengeances, Capoléon, résolu à cela, feignit de ne rien voir et d'être insensible à tout, ne voulant pas, disait-il, hasarder son honneur sur la déposition d'un pendard qui tâchait de se sauver en accusant son maître.

Alcime de son côté, comme si son aveuglement eût juré sa ruine, après avoir battu, outragé ses autres valets, les mit à la porte ; lesquels, outrés de dépit, étant appelés en témoignage par le prisonnier, se rendirent témoins contre Alcime, et la conformité de leurs

dépositions faisant voir la vérité, l'empri-
sonné fut élargi et déclaré innocent du vol
attenté dans la maison de Capoléon. Celui-ci,
de son côté, attirant, par douces paroles et
belles promesses, ces valets injuriés et cho-
qués, tira de leur bouche des déclarations qui
portaient le jour sur les plus ténébreuses actions d'Alcime.

Voilà comment le jeune gentilhomme fut
lui-même l'artisan de son désastre.

Capoléon, mortellement blessé de l'injure
faite à son honneur, ne songea qu'à punir la
déloyauté de sa femme par une vengeance
mémorable qui servît d'exemple à la postérité.

Pour cela ne faisant aucun semblant d'être
offensé, se montrant même à Vannoze moins
jaloux que jamais, il fit entendre au juge, qui
en avertit Alcime, qu'il ne doutait nullement
de la fidélité de son épouse, qu'il ne voulait
ajouter aucune foi à la déposition d'un coquin,
ni se persuader qu'il eût rien à redouter d'un
si brave seigneur qu'Alcime.

Cependant il disposait tout pour saisir sa
proie et faire une large curée à sa vengeance.
Il met plus d'espions en sentinelles qu'Argus
n'avait d'yeux. Il donne à sa femme plus de
liberté que jamais, imitant les geôliers qui
mettent, le matin, sur le préau d'une concier-
gerie, ceux qui, sur le soir, doivent servir de
spectacle tragique sur un échafaud.

Or, tandis que nos victimes, dédiées à un sacrifice sanglant, pensent que l'orage est passé,
elles ne font qu'ourdir la toile où elles seront
enveloppées. Les voilà qui reprennent leur
première trame. Vannoze, qui ne sortait que
sous prétexte de faire ses dévotions, alla, après
le vacarme qui s'était passé dans sa maison,
raconter au père Simplice l'attentat imaginaire
des voleurs, en la façon qu'elle jugea la plus
propre pour donner couleur à sa justification.
Ce religieux, qui avait pris le bruit commun
pour la vérité, fut fort étonné quand il apprit
de la bouche de Vannoze que celui qui avait
planté l'échelle était Alcime lui-même, accom-

pagné de ses valets, dont l'un qui avait été pris, avait déclaré en justice le dessein de son maître, renouvelant en même temps ses plaintes contre ce gentilhomme comme contre un importun que ses rebuts avaient rendu furieux ; ajoutant que, nonobstant cela, Dieu lui était si bon que le cœur de Capoléon n'en avait conçu aucune colère, aimant mieux tenir pour fausse l'accusation du valet que de penser que le maître eût pu admettre dans son esprit une si lâche pensée.

Simplice ne savait que répondre à cela. Toutefois il la consola beaucoup, mais l'engagea à ne pas trop s'arrêter à ce qui lui avait été dit, avant de plus sérieuses informations, de peur de faire un jugement téméraire contre son prochain.

Alcime ne manqua pas de venir à son tour protester de son innocence auprès de Simplice, qui ne savait à quoi s'arrêter de ces affirmations contradictoires.

Capoléon qui a toujours des gens au guet

et qui surveillent les actions de sa femme est averti de tout, et comme on lui rapporte qu'elle va fréquemment parler à ce moine, et qu'Alcime s'y rend de son côté, cet homme qui, de jaloux est devenu forcené, se figure que ce religieux est complice d'Alcime et de sa femme. Ses soupçons se redoublèrent par les visites que ce bon père fit dans sa maison pour consoler sa femme sur les afffictions d'esprit qu'elle lui faisait croire qui la tourmentaient. Ces visites que Simplice faisait tout à la bonne foi dans la maison de Capoléon, n'étaient pas sans de petites remontrances qu'il faisait comme en passant à ce vieillard, de ne pas croire légèrement les bruits de la ville, les rapports des valets et des gens de peu qui ne tâchaient qu'à s'avancer par flatteries et aux dépens de la réputation d'autrui, et à se donner du crédit en diffamant les personnes vertueuses. Capoléon ne vit dans tout cela que la complicité du pauvre religieux, ce qui le fit résoudre à faire ainsi porter sa vengeance sur lui, en même temps que sur les autres criminels.

Capoléon avait gagné, à prix d'or, une des femmes attachées au service de Vannoze. Cette femme, nommée Adriane, lui rendait compte de toutes les actions de sa maîtresse; et comme elle n'avait pas moins de bassesse que de perfidie, elle recevait aussi des mains de Vannoze, et les trahissait les uns et les autres. Vannoze avait une autre servante appelée Lisarde, laquelle, soit qu'elle haït la duplicité, soit qu'elle redoutât que ses rapports ne causassent du sang et du meurtre, soit qu'elle eût compassion de sa maîtresse ou qu'elle eût horreur de tromper celle qui lui avait ouvert franchement le secret de son âme, demeura fidèle à Vannoze, sans vouloir écouter les promesses de Capoléon qui voulait se servir d'elle comme d'Adriane.

Depuis longtemps Capoléon méditait un moyen sûr d'enlacer dans sa vengeance tous ceux dont il avait à se plaindre. Il cherchait

une occasion favorable, lorsqu'un jour il lui
vint à l'esprit un stratagème qu'il se résolut
d'exécuter. Après s'être muni de tous les préparatifs d'armes et d'hommes qui lui étaient
nécessaires pour faire son grand coup, il feignit d'aller en voyage pour une affaire im-
portante qu'il disait avoir à une ville distante
de trois journées de celle de sa demeure. Il
était temps pour Capoléon, car Vannoze et
Alcime en étaient venus au point de complo-
ter de faire périr le vieillard soit par armes,
soit par poison.

Ce voyage fut regardé d'Alcime comme une
occasion favorable pour faire exécuter ce
meurtre par des *braves*, ainsi appelle-t-on les
assassins en Italie, dans quelque bois ou dans
quelque mauvais passage, sous couleur de
brigandage. Ce conseil venu de Vannoze avait
été chaudement adopté par Alcime, qui, pour
de l'argent, ne manqua pas de trouver les
braves qui lui promirent de mettre à fin cette
entreprise. Elle-même avait déjà par diverses

fois tenté ses servantes pour qu'elles missent du poison dans le breuvage ou dans les viandes de son mari ; mais Lisarde n'avait pas voulu consentir à ce crime, et Adriane ne manqua pas de prévenir Capoléon, que ce dernier trait de noirceur irrita au delà de toute expression.

Même l'assassinat projeté par les braves fut raconté par Vannoze à Adriane comme un dernier triomphe qu'elle allait remporter. Comme Capoléon faisait tous les préparatifs de son voyage simulé, Adriane, tout éperdue, le vint conjurer de s'en abstenir, lui racontant les machinations dressées contre sa vie et le crime qui devait être exécuté par les chemins. Le rusé vieillard, pour lui ôter toute crainte, lui répondit qu'il userait d'une contremine par laquelle il prendrait les preneurs et étonnerait bien du monde, l'encourageant à lui être fidèle jusqu'au bout, et en la remerciant de son avis, il la pria de le laisser faire.

Or, il avait fait contrefaire toutes les clefs

de son logis pour y entrer, de jour ou de nuit, à telle heure qu'il voudrait, pour surprendre Alcime pénétrant dans sa maison. —

Là-dessus il part en bon équipage et bien accompagné, ayant sous main donné ordre que toutes les actions de sa femme fussent épiées et qu'on allât prendre auprès d'Adriane des nouvelles de ce qu'elle faisait. Son voyage était si bien coloré qu'il n'avait laissé aucun sujet de défiance. Aussi ne fut-il suivi qu'une lieue ou deux par un valet de pied qu'Alcime avait aposté pour voir quelle route il prendrait, de la dînée où il séjourna jusques au soir. Il revint à la ville assez avant dans la nuit, où s'étant retiré dans une maison écartée, il apprit d'Adriane qu'Alcime venait d'entrer dans sa maison, déguisé en marchand joaillier.

Aussitôt Capoléon, couvert d'une cotte de mailles, le pot de fer en tête, et chargé de pistolets, de dagues et d'épées, accompagné de six hommes, tant de ses valets comme

de braves armés jusques aux dents et détermi-
nés d'exécuter la vengeance de Capoléon avec
d'autant plus de hardiesse qu'elle leur semblait
juste et raisonnable, et même, sans reproche
et sans crainte de la justice, se rendit à sa maison avec les clefs qu'il avait fait faire, et, arrivant sans bruit jusqu'à la porte de la salle où
étaient Vannoze et le prétendu marchand,
il heurta en maître et en homme qui voulait
entrer bon gré, mal gré et promptement, ne
pouvant plus alors retenir les mouvements de
de sa pasion, ni contrefaire sa voix, ni modé-
rer sa juste colère. Que devint Vannoze en
entendant le ton aigre et poignant de la voix
de son mari? Mille terreurs la saisirent en
ce moment; l'effroi de la mort et les périls de
l'enfer l'environnent. Ce saisissement lui ôte
tout usage de raison et de discours. Les sui-
vantes, qui avaient entendu le bruit, se pâ-
ment d'effroi; mais Adriane n'a qu'une peur
contrefaite, parce qu'elle était d'intelligence
avec Capoléon. Cependant elle ne peut s'em-

pêcher de frémir à l'idée de la prochaine exécution dont elle va devenir le témoin. Elle se
présente à sa maîtresse et lui demande ce
qu'elle doit faire. Engourdie d'épouvante et
presque autant immobile que cette femme
qui devint une statue de sel en voyant derrière ses épaules l'embrasement d'une ville
exécrable, Vannoze ne répondit rien.

De son côté, Alcime, se sentant coupable,
n'a ni le courage d'attaquer ni celui de se
défendre, il ne trouve pas même des jambes
pour s'enfuir.

Quelle terrible leçon pour les natures coupables qui pensent qu'il n'y aura pour elles
aucun châtiment, ni de ce monde ni de
l'autre ! Ah ! dit un saint, il est bien naturel
que celui-là s'oublie lui-même, qui vivant,
ne s'est pas souvenu de Dieu, qui a souillé
ses voies pour avoir jeté en arrière ses jugements redoutables. Les malheureux ne son-
gèrent pas, en ce moment, à se ménager, par
une vive repentance, le Père des miséri-

cordes qui a promis de recevoir les coupables
à merci, à quelque heure qu'ils se repenti-
ront de tout leur cœur.

Durant cette consultation muette et cette
irrésolution, on bat rudement à la porte, on
crie, on injurie, on parle de sang, de car-
nage ; ce qui fait tellement perdre l'esprit à
Vannoze que, se voyant découverte et trahie,
sachant bien qu'elle ne pouvait espérer que
Capoléon lui pardonnât tant d'outrages, ne
prenant conseil que de son désespoir, voyant
qu'Adriane allait ouvrir la porte, ouvrit une
fenêtre qui donnait sur le jardin et s'y jeta à
corps perdu. Elle tomba sur un perron de
pierres de taille où sa tête fut brisée, et où
elle expira quelques moments après.

Quant à Alcime, entré dans cette maison,
travesti en joaillier, il n'avait ni épée ni bâ-
ton pour se défendre. Tout ce qu'il peut faire,
voyant qu'on allait ouvrir la porte, fut d'entrer dans un cabinet et de fermer la porte sur
so. Il ouvrit la fenêtre pour se sauver par

là, s'il eût pu, au risque de faire un saut
pareil à celui de Vannoze, et de se précipi-
ter à la mort, en croyant la fuir; mais il la
trouva fermée de barreaux de fer. Quelque
résistance qu'il fît, Capoléon, avec ceux qui
le suivaient, après avoir traversé la salle d'où
ils virent Vannoze, morte de sa chute, eut
bientôt forcé la porte, et le jeune chevalier se
vit bientôt percé de coups d'épée et contraint
de se rendre à la merci de son ennemi, qui ne
voulut pas l'achever sur-le-champ, pour jouir
plus longtemps du plaisir de sa vengeance, et
étendre son tourment par la prolongation de
sa vie. Adriane, saisie d'effroi, se retira dans
sa chambre, quoiqu'elle n'eût rien à craindre
de celui dont elle espérait, au contraire, de
la récompense. Lisarde, criant au meurtre,
fut saisie toute vivante par Capoléon, qui la
sacrifia à sa fureur sous les yeux d'Alcime, la
chargeant d'autant d'outrages et d'injures
que de coups.

Capoléon, pour faire sa vengeance entière,

envoya un de ses satellites en diligence au
monastère où résidait le père Simplice, pour
le supplier de venir trouver sa femme qu'un
catharre étouffait, et qui désirait se confesser
à lui avant que de mourir.

Ce bon religieux, pressé par sa charité, se
lève aussitôt. Il prend pour l'accompagner
le premier frère convers qu'il rencontre, et
va en hâte à la mort injustement préparée à
son innocence.

Il n'était pas sitôt entré dans la chambre
où était Capoléon, tourmentant Alcime, que
ce vieillard, se jetant comme une furie à son
cou, lui veut enfoncer le poignard dans le
sein. Mais, la nature invitant le père à hausser
le bras, il y reçut le coup, qui fut suivi d'un
autre dans l'épaule. Il allait l'achever lorsque,
par le sentiment de vengeance barbare qui lui
avait fait retarder de donner le dernier coup
à Alcime, il voulut se dilater dans la souffrance
du moine. Le frère convers qui l'accompa-
gnait fut retenu en dehors de la chambre par

des valets qui l'outragèrent de coups et d'injures ; les noms de traître, de sacrilége, d'exécrable ne furent point épargnés au père Simplice par Capoléon. Il serait difficile de peindre l'étonnement du bon moine, qui pensait que tout ce qu'il voyait et sentait était un horrible songe ; mais enfin, la douleur de ses plaies lui fit comprendre que ce n'était que trop véritable.

Alcime, ouvrant ses paupières baignées de larmes et de sang, et apercevant ce nouveau spectacle, d'une voix cassée et mourante : — Hélas ! mon père, dit-il, en quels abîmes de malheurs vous portent mes iniquités ! Puis, se tournant vers Capoléon : Seigneur, poursuivit-il, c'est contre moi seul que vous devez tourner les pointes de vos armes, et non pas contre cet innocent. C'est de moi seul, qui suis le coupable, que vous pouvez tirer une juste vengeance, qui ne sera jamais si cruelle que mérite mon forfait ; mais ne trempez pas vos mains dans le sang du juste, autrement Dieu

le redemanderait à vos mains ; c'est moi qui
ai péché ; qui l'ai trompé ; qui l'ai abusé. Je
vous dois toute la vérité. Je vais mourir, et je
ne veux point que Dieu me pardonne jamais,
si j'use dans mon récit d'aucun déguisement,
d'aucune feinte.

Alors le silence de Capoléon lui semblant
être un consentement, il exposa le mieux et
le plus brièvement qu'il put comment il avait
trompé la simplicité et la charité du bon père.
Il fit sa confession publique avec tant de repentance et de contrition, que son cœur fon-
dait en sanglots, que sa bouche n'exhalait
que soupirs, et que de ses yeux coulaient autant de larmes que de ses plaies ruisselait de
sang. Que de pardons demanda-t-il à Dieu et
à Capoléon ! Combien détesta-t-il ses fautes,
en quelle horreur eut-il ses méchancetés, ani-
mant Capoléon à tirer de lui toutes les vengeances qu'il désirerait ! Mais il déchargea
entièrement le père Simplice de toute faute,
et fit voir son innocence aussi claire que le

jour; ce qui donna à Capoléon du regret de l'avoir si maltraité. Il commanda que ses plaies fussent bandées.

Avant que Simplice se retirât de ce sanglant spectacle, Alcime, faisant ses débiles efforts pour se rouler contre terre, supplia, ainsi prosterné, Capoléon, qui lui tenait l'épée dans la gorge, d'avoir pitié, non de son corps, mais de son âme, et de se contenter de sa mort temporelle, sans étendre sa haine jusque dans l'éternité, lui permettant de recevoir l'absolution des mains de Simplice; ce que le cruel Capoléon, tant la rage le transportait, lui voulait refuser, si Simplice le prévenant, après lui avoir, en cette extrémité, fait faire un acte de contrition et un mot de remontrance, ne la lui eût donnée.

Les paroles que lui dit Alcime en le voyant partir, et lui-même restant en proie aux cruautés du vieillard offensé, furent telles, qu'elles eussent pu faire naître de la pitié presque dans les rochers insensibles. Mais le

cœur de tigre de Capoléon, entrant en plus
grande fureur, se mit à torturer le malheureux patient de mille manières, qu'il me serait trop dur de rapporter. Celui-ci les sup-
porta avec une constance et une patience admirables, réclamant le nom sacré du Sauveur
duquel seul nous espérons notre salut, et
quelquefois celui de la sainte Vierge, mère du
Dieu des miséricordes. Les barbaries de Capoléon allèrent si loin que ses satellites mêmes,
gens sans humanité, ne pouvaient plus sup-
porter ce spectacle. Enfin, un dernier coup
détacha cette âme, heureusement repentante,
d'un corps qui avait perdu tout son sang.

Le dernier trait de vengeance de Capoléon
était le désir d'exposer aux yeux du peuple
ces trois corps qu'il venait de meurtrir.

Simplice s'enfuit dans son couvent pour se
faire panser de ses blessures. L'alarme y fut
aussitôt, et de là par toute la ville.

A peine l'aube paresseuse s'était-elle déga-
gée de l'obscurité que la rue se trouva pleine

de monde ; la porte de Capoléon fut assiégée, chacun se pressant pour savoir ce qui était advenu. Lui, hardi comme un meurtrier et comme un homme qui savait que les lois et la justice tranchaient de son côté, sans prendre l'épouvante, attendit de pied ferme les officiers de justice, aux yeux desquels il semblait étaler ses victimes.

Sa sévérité fut louée des uns et blâmée des autres, chacun jugeant de son action selon ses sentiments. Tant il y a, qu'ayant par des preuves évidentes fait voir le crime des morts, l'adultère et les sacriléges d'Alcime et de Vannoze, la complicité de Lizarde, les tués furent tués, et Capoléon fut absous.

Mais comme les excès commis sur la personne du père Simplice avaient soulevé les ecclésiastiques de la ville, on lui donna sa maison pour prison, jusqu'à ce qu'il fût plus amplement informé. Le bon père, en vrai religieux, excusa Alcime autant qu'il put. Mais, comme les gens de judicature n'ont besoin que d'un seul point pour attaquer un homme, après avoir absous Capoléon quant au meurtre principal, ils le voulurent perdre pour des blessures faites inconsidérément. Le fiscal prit en main la cause de l'Eglise offensée dans la personne de ce religieux. Capoléon, redoutant les conséquences de ce procès, prit la résolution de quitter la ville.

Mais, telles sont les mœurs et les habitudes de vengeance de cette nation, que les parents d'Alcime et de Vannoze se préparèrent à leur tour à venger dans le sang de Capoléon l'honneur de leurs familles, ce qui me fait admirer la faiblesse et l'aveuglement extrême de l'esprit humain, qui croit laver des crimes par des crimes ; comme s'ils eussent pu effacer, au moyen d'un second homicide, l'irréparable infamie dont leur nom était souillé.

Les parents d'Alcime, cherchant partout un vengeur, trouvèrent un jeune gentilhomme, pauvre des biens de fortune, mais riche de noblesse d'esprit et de bonne mine ;

ils lui promirent la main d'une sœur d'Alcime,
s'il voulait servir leur vengeance. Celui-ci,
nommé Lucio, s'empressa de saisir cette occasion de faire un riche mariage, et assuré de la
main de Polixène, sœur d'Alcime, il cousen-
tit à tout ce qu'on voulut. Il s'engagea à
donner au premier enfant qui lui naîtrait de
son mariage le nom et les armes d'Alcime.

Capoléon s'était retiré dans un état voisin
du lieu pour éviter les atteintes de la justice,
au sujet du père Simplice, car il n'était pour-
suivi que pour ce fait. Même, grâce aux sollicitations du bon père et à l'intervention de
quelques amis puissants, le fiscal avait consenti à se taire, et l'on était sur le point de le
rappeler dans son pays. Lucio se rendit dans
la ville habitée par Capoléon ; mais le voyant
bien accompagné et toujours sur ses gardes,
il jugea qu'il valait mieux l'attaquer par la
ruse que par les armes. S'adressant à Capoléon, il lui offrit ses services et même de l'argent s'il en avait besoin. Capoléon, quoi-

qu'il soit difficile de tromper un vieillard,
crut, à ces marques, à la franchise du cœur de
ce gentilhomme, le reçut dans son amitié et
accepta même ses bienfaits. Lucio pour perdre
sûrement Capoléon, et le retirer de la sur-
veillance de ses gardes, lui donna un faux
avis que les parents de sa femme le faisaient
épier par des braves. Capoléon prenant l'é-
pouvante de cette nouvelle, et ne se trouvant
pas assez en sécurité 'dans une hôtellerie, remit sa vie dans les mains de son plus cruel
ennemi qui lui avait offert la propre chambre
qu'il avait dans la maison d'un sien parent;
c'est ainsi que ce pauvre oiseau s'alla jeter
dans les filets qui lui étaient tendus. Là durant la nuit, lorsqu'il était enseveli dans le
sommeil, Lucio l'ayant fait saisir par deux
satellites qu'il avait amenés avec lui, le gar-
rotta, lui mit un lacs à la gorge pour l'empêcher de crier et lui fit souffrir les tortures
qu'il s'était vanté d'avoir infligé à Alcime.
Qui connaîtra les esprits de la nation dont je

parle jugera que ces traits-là dont le récit nous effraie, leur sont si familiers, qu'à peine tirent-ils une vengeance sans quelque procédé extraordinaire. Laissant le corps percé de mille coups, il porta le cœur aux parents d'Alcime, qui à leur tour exercèrent sur lui leur rage. Leur passion étant assouvie, ils ne se contentent pas de leur satisfaction particulière ; ils la publient, qui pis est, ils s'en glorifient, lavant le meurtrier de son acte, en quoi ils furent secondés par les parents de Vannoze. Mais à leur tour les parents d'Alcime se virent vivement poursuivis par les héritiers de Capoléon comme auteurs et complices d'un si horrible assassinat. Ce fut à eux et aux parents de Vannoze à se sauver comme ils purent et de pourvoir par la fuite à la sûreté de leurs vies, avec Lucio lui-même qui n'avait fait qu'exécuter leur volonté.

Peu après leur fuite, ils furent tous condamnés par contumace, leurs biens furent confisqués et ils furent pendus en effigie sur la place publique servant ainsi de honteux spectacle.

Voilà les malheurs où se précipitent aveuglément ceux qui veulent réparer leur honneur par la vengeance. Ce n'est pas aux particuliers de se faire justice par eux-mêmes; c'est arracher le glaive aux mains des magistrats qui ne le portent pas en vain, mais pour la punition publique des pervers et la défense des bons.

Tous périrent pauvrement et malheureusement, les uns de faim, les autres de regret, battus de toutes sortes d'orages, se voyant le rebut et la balayure du monde. Lucio périt dans un naufrage, selon cette maxime d'un poëte, que la race des pervers dispersée dans le monde finira toujours misérablement.

Il me semble que je vois le bon Simplice regardant tous les orages de la mer du siècle que nous avons représentés dans cette histoire, comme d'un lieu éminent et de la pointe d'un rocher élevé sur le rivage, et considérant

comment la main de Dieu punit les méchants,
méditant cette parole du Psalmiste : Mon
Dieu, vous les prenez et vous les faites tourner devant vous comme de la paille battue du
vent.

Non, Seigneur,

Au méchant tu n'es point propice ;
Car tu n'es point Dieu d'injustice ;
Le méchant chez toi n'est admis.
Des fous l'insolence égarée
Devant toi n'a point de durée :
Les pervers sont tes ennemis.
Tu perdras, justement sévère,
Ceux dont la parole est contraire
A ce qu'ils ont dedans leur cœur ;
Du meurtrier l'âme impitoyable,
Au Seigneur est abominable,
Et l'homme au courage trompeur.

VOLUMES DE LA COLLECTION

Publiés ou prêts à paraître.

ÉMILIE DE VARS

	Vol.
GENEVIÈVE DE PARIS.....	1
LE ROMAN DE MA PORTIÈRE.	1
LES ENFANTS DE CLOVIS..	1
RADÉGONDE.............	1
LAURENCE DE GAEL......	1

Mme DE LA BÉRANGÈRE

LE RETOUR DES TRIBUS CAPTIVES..........	1
MARIE................	1
UNE FEMME DU MONDE...	1

LE BARON D'ANGLURE.

LE SAINT VOYAGE DE JÉRU-SALEM, avec des éclaircisse-ments sur l'état présent des Lieux-Saints............	1

F. DE SAULCY,
Membre de l'Institut

VOYAGE AUTOUR DE LA MER MORTE..........	2

CAMUS,
Évéque de Belley

ALCIME..............	1
LA PIEUSE JULIE........	1
HERMIANTE............	1
MARIANNE.............	1

AUGUSTE HÉRAL

L'HOMME AUX ROMANS....	1

L'ABBÉ E. DOMENECH

	Vol.
VOYAGE DANS LES SOLI-TUDES AMÉRICAINES. — VOYAGE AU MINNESOTA.	1

LA BILLARDIÈRE

VOYAGE A LA RECHERCHE DE LA PÉROUSE.......	1

LE DOCTEUR KIPPIS
(Traduit de l'anglais)

VOYAGES DU CAPITAINE COOK..............	1

LOUIS DUMONTEIL.

	Vol.
UN AMBITIEUX DE PROVINCE	1
LE PREMIER LIVRE D'UNE FEMME AUTEUR......	1
LA PAUVRESSE DU PONT DE LA CONCORDE.........	1

VICTOR DE SAINT-PREUIL

ÈVE DANS L'ÉDEN.......	1
MAVIAËL..............	1
LE SIÉGE DE MASADA....	1

CHARLES AUBERIVE

VOYAGE D'UN CURIEUX DANS PARIS..............	1
LES BANDITS CÉLÈBRES DU XVIIe SIÈCLE........	1

De l'Imprimerie de BEAU, à Saint-Germain-en-Laye.

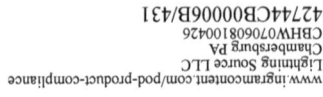